異教徒暮らしのアラビア

隆盛のサウジアラビア、
相克のイスラエル・パレスチナの歴史をたどる

和田朋之
Tomoyuki Wada

彩流社

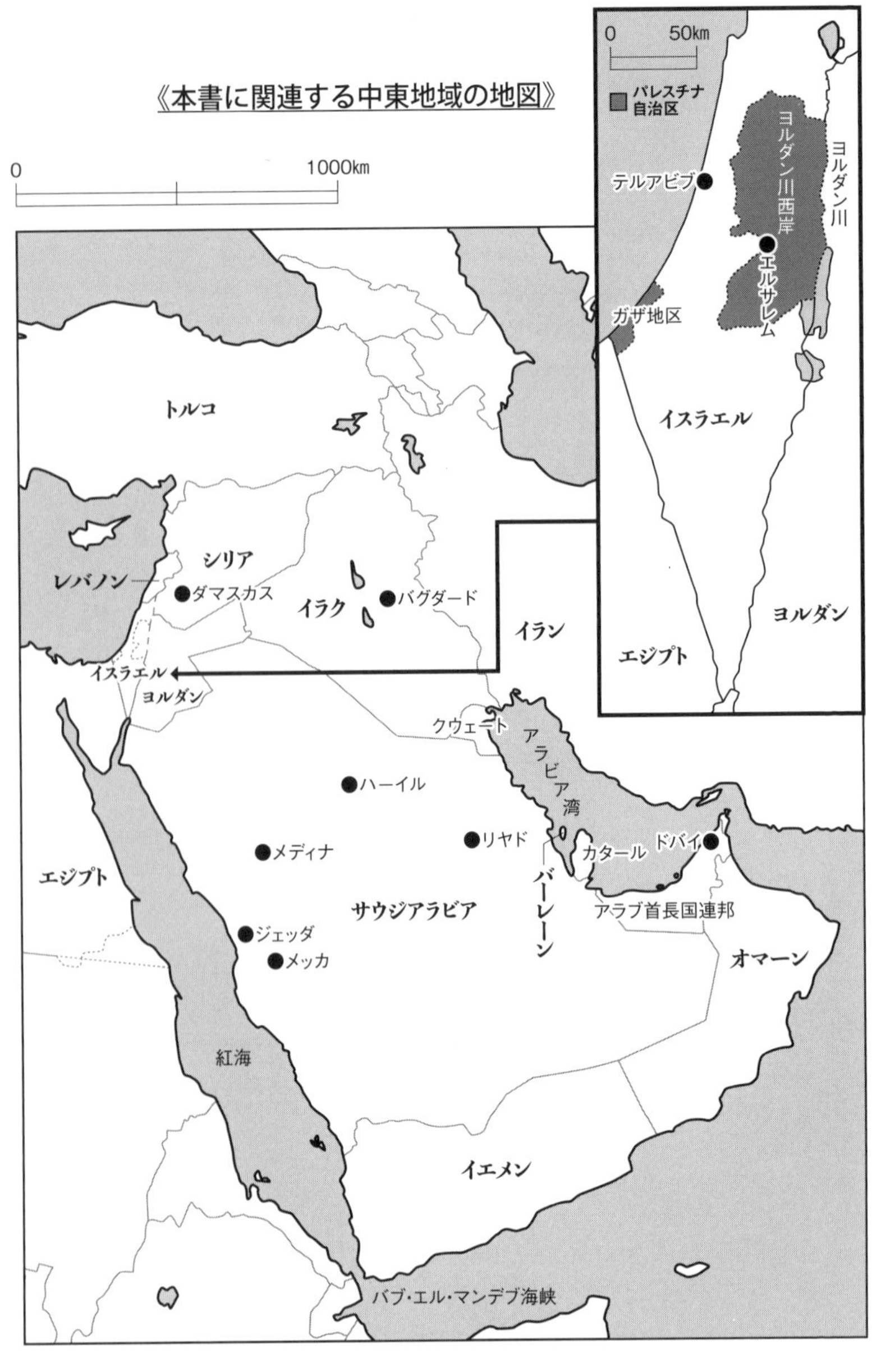
《本書に関連する中東地域の地図》
0
1000km
0
50km
パレスチナ自治区
テルアビブ
ヨルダン川西岸
ヨルダン川
エルサレム
ガザ地区
イスラエル
ヨルダン
エジプト
トルコ
シリア
レバノン
ダマスカス
イラク
バグダード
イラン
イスラエル
ヨルダン
クウェート
アラビア湾
ハーイル
リヤド
メディナ
カタール
ドバイ
エジプト
バーレーン
サウジアラビア
アラブ首長国連邦
ジェッダ
メッカ
オマーン
紅海
イエメン
バブ・エル・マンデブ海峡

目次◉異教徒暮らしのアラビア

——隆盛のサウジアラビア、相克のイスラエル・パレスチナの歴史をたどる

第二章　現生人類が暮らしたアラビア

第三章　ユダヤ教・キリスト教の発祥と興隆

第四章　イスラム教の誕生と勃興

第五章　ダマスカスの聖地にて

第六章　部族民とサウジアラビア建国

第七章　襲撃事件・再び

第八章　リヤド再訪

第九章　イスラエルとパレスチナ

プロローグ

酒とムシケラ

酒がないところで三年間？　とてもやっていけないな――。

話を聞くなり、そう思った。刑務所に入るわけではない。

「サウジアラビアに行ってくれ」というのだ。

二一世紀が始まったばかりの三月半ば、仕事中に私は直属の上司から会議室へ呼び出され、対面してすぐにそう切り出された。

サウジアラビアはイスラム教の規律が最も厳しい国だ。アルコール類は、販売されていないのはもちろん、国外から持ち込むことも許されない。アルコール成分を含む料理酒やみりんなんかもだめだ。それだけではない。豚肉も、ハムやベーコンなど加工品も含め、一切ない。豚肉がないのはまだしも、酒がないのは耐えがたい。

サウジアラビアの首都リヤドは、ハードシップの高さで、商社の駐在地のなかでも最上位近くにランクされていた。

「金持ちの国だから、酒と豚肉以外なら食い物はたいてい手に入る。暑くて、何の楽しみもないところだけれど、住居は快適みたいだし、週末はゴルフができる。もちろん芝生だよ、土漠なんかじゃなくて、池ポチャやアップダウンもあって」

ゴルフ好きの部長は、ゴルフができさえすれば私も平気だと思ったらしい。

今月初めに駐在員の交代が社内で通知されたばかりだったが、急な事情で後任者が赴任できなくなり、急いで代わりを見つけようとして私にお鉢が回ってきたのだった。

断ろうかと思った。使いにくいやつだと思われても構いはしない。このとき私は四〇代半ばで、毎日鬱屈していた。一九九七年のアジア通貨危機はまだ仕事に影響していて、私は山積する難題に対して防戦一方だった。ふと、この話はここから抜け出すチャンスかも知れないという気がした。

中東には行ったことがなかったが、アジアではタイとフィリピンと二度の駐在経験があったから、海外勤務に抵抗はなく、そろそろ三度目の声がかかる時期だと覚悟していたところだ。ただ、私はイスラム教徒が少数派の国しか知らず、厳格なイスラム教国がどんなものか想像できなかった。

「即答しなくていい、明朝返事をくれ」

そう言われて面談を終えた私は、サウジアラビアに詳しい同僚に時間を割いてもらい、話を聞いた。

「心配しなくても、酒は家で作ったらいいんだ」

彼が酒の心配までしてくれるのには驚いた。彼はサウジアラビアの駐在経験こそないが頻繁に出張していて、駐在員の家で自家製のワインを飲ませてもらったという。

「おいしくはないけど、酔えるから、ノンアルコールよりまだましだ。ただし言っておくけど、こそっと酒を持ち込もうなんて、絶対にやめたほうがいい」

彼は自分の経験談を披瀝し始めた。

まず、空港に到着したら、入国審査場まで走れという。乗客の大半が出稼ぎの労働者で、列の後方に並ぶと時間がかかってたいへんだかららしいが、もしほかの便とかち合ってしまい入国審査場が混雑していたら、素知らぬ顔をして外交官の列に並べという。外交ビザじゃないからと邪険にされないよう、外交官らしく上着を着て行けと、もう私が赴任する前提で彼はアドバイスした。

「入国審査を経てからがたいへんなんだ」と話を続けた。

税関検査場では最近になってX線検査機が導入されたが、荷物はすべて開けられると覚悟したほうがいいという。彼はお菓子のおみやげを三箱ばかりスーツケースに入れていたところ、係官にデパートの包装紙を破られたばかりか、中身がウイスキー・ボンボンだと見つかって、すべて没収されたそうだ。

「没収で済むならまだましだ」

彼の知人のTさんは一年ほど前、大胆にもウィスキーの瓶そのものを持ち込もうとして見つかった。Tさんは係官から「ムシケラ」と虫けら呼ばわりされてむかついたそうだが、「ムシュキラ」はアラビア語で問題ありの意味だそうだ。どこかの国みたいに袖の下を使えば済むだろうとのT

さんの思惑は裏切られた。初めてなので知らなかったと彼は弁解に努め、それで押し通そうとしたが、係官は納得しない。いろんな国の出入国スタンプが押されたパスポートや使い込まれたスーツケースから、彼が旅慣れているのは一目瞭然だった。その場で待つよう言われたTさんは、入国拒否されては仕事に支障が出ると思って怖くなり、ひたすら謝ったが、パスポートを取り上げられたまま放置され、しばらくしてから現れた職員に別室に連れて行かれた。そこには制服姿の空港職員のほかに、白衣（トーブ）を着て赤白チェックの頭巾をかぶったサウジ人がいた。彼らにこんこんと説教されたあと、Tさんはトイレでウィスキーを自分の手で廃棄させられ、さらに空き瓶を布袋に入れてハンマーで粉々になるまで叩き潰す作業を強いられた。そのあとようやく解放され、入国できたという。

ひとくさりTさんの体験について聞かされ、ほかにもいくつか彼の助言を聞いて、私は別世界のことのように感じながらも、怖いもの見たさというと語弊があるが、せっかくめぐってきた機会だから、断るのは惜しいという気持ちがしてきた。このときはまさか、赴任したら早々にアメリカで九・一一テロ事件が発生し、すぐにアフガニスタン戦争が始まり、しばらく間をおいて隣国イラクで戦争が起き、さらにサウジ国内で爆破テロ事件が多発するなど、想像できるはずがなかった。その晩、妻に相談し、とりあえず単身赴任で行くことで同意を得た。翌朝、私は部長に対してリヤド駐在を受けると返答した。仕事がどうこうより、知らない世界を知りたいという好奇心がまさった。事前に一度くらい出張してみたいと申し出たが、そんな悠長な願いは聞いてもらえず、すぐに発令されて、社内で赴任前の研修と打合せが始まった。

現世人類とアラビア

行ったことがないものだから、赴任前の私は中東の地図をこまめに何度も見てみた。アラビア半島だけを見ると、幼児の靴みたいな形をしている。無理にこれを長方形に見立てると、三辺が海に面していて、まず底辺（南）にはインド洋が広がり、つま先のある右辺（東）にはアラビア湾があって、奥にチグリス川とユーフラテス川が注ぎ込んでいる。左辺（西）はというと、細長い紅海がアフリカ大陸との間を分け隔てている。上辺（北）はユーラシア大陸につながり、いくつかの国々が分散している。

何億年もの間の大陸移動を経て、アラビア半島は現在の位置でこんな形になったのだ。右辺のアラビア湾岸の地形は、大陸側とジグソーパズルのように重なりそうだが、左辺の紅海は無理に引き裂かれた感じがする。奥のシナイ半島がとんがっていたり、幅が狭まってアフリカとくっつきそうなところもあるからだ。

地図を飽きずに見ていたのには、さらに理由がある。少し長くなるがお付き合い願いたい。

人類の祖先についての記述や議論を、その頃私はよく目にしていた。学説が大きく変わる時期だったのだ。猿人とか原人とかが何百万年も前にアフリカに出現してユーラシア大陸に広がり、彼らが各地で現生人類（ホモ・サピエンス）に進化したという多地域進化説が長く優勢だったが、現生人類もまたアフリカで出現し、アフリカを脱出して全世界に広がったのだとするアフリカ起源説が十年ほど前から有力視され、議論になっていた。一九九八年にピュリッツァー賞を受賞して当時話題になった『銃・病原菌・鉄』という本（J・ダイアモンド、草思社二〇〇〇年。原著は一九九七年）がある。その本では二説のうちどちらかまだ不明とされていたが、ここに来てアフリカ起源説の勢いが増した。その根拠は従来のような遺跡や化石の研究ではなく、人の細胞のDNAにあった。ミトコンドリアという細胞の核の外にある小さな器官のDNAは、母親からの性質しか遺伝しない（母系遺伝）。アメリカの遺伝人類学者が多くの民族のミトコンドリアDNAを解析した結果、一二～二〇万年前のアフリカのひとりの女性に遡れると発表（一九八七年）、その後ミトコンドリアDNAの解析はさらに進められ、また、細胞の核の染色体を構成する核DNAのなかで男性だけがもつY染色体についても、やはりアフリカのひとりの男性に遡れるとの解析結果が発表された（二〇〇〇年）。アフリカ起源説が多地域進化説より優勢になる転換期を迎えていた。[*1]

およそ三〇万年前に、アフリカのまだどこかわかっていないところで出現した現生人類は、二〇万年くらい前からアフリカの外へ脱出し出した。気候変動のためと推測され、また、アフリカを脱出したルートは、アフリカ大陸東部の大地溝帯に沿って内陸を北上したか、それとも東へ海を渡ってアラビア半島へ達したか、二説に分かれていた。気候変動とはどんなものだったかというと、海洋酸素同位体の分析がなされ、地球はおよそ一〇〇万年前から寒い氷期と温暖な間氷期が数万年ごとに繰り返すサイクルにあったと現在判明している。そんな気候変動のせいで、現生人類は何万年もの期間にわたってアフリカから脱出したそうだ。とすると、ルートの選定も気候変動に影響されたのではなかろうか。温暖な間氷期なら今のサハラ砂漠があるあたりに湿気と緑があって北上しやすかったろうが、寒い氷期には乾燥化が進んで広がったサハラ砂漠を越えるよりも、海を渡った方が容易だったのではないか。というのも、氷期には北極と南極のほかに高緯度の寒冷地域にも氷床が発達したため、地球上の海水量が減って、海面の位置が今より相当低かったらしいからだ。

バブ・エル・マンデブ海峡と呼ばれる、紅海が一番狭くなっているところは、今では幅が三〇キロメートルほどあるが、氷期には五ないし一〇キロ程度だったと推定されている。対岸が見える距離であり、現世人類が漁労で筏や丸木舟を使用していたなら、渡れないことはなかったろう。途中に島もある（ペリム島）。数人から数十人程度の、

現生人類が使用した石器。エルサレムの博物館で撮影

血縁や婚姻の関係にある集団が、何隻かに分かれて乗船して、漕いで渡っただろう。手塚治虫の『ジャングル大帝』で船から海に落ちたレオが見たように、蝶の群れが海峡を渡るのを彼らは見たかも知れない。渡り鳥の群れも見たのではないか、と私は想像する。現地へ行って検分できればいいのだが、海峡をはさむ国々は今のところどこも政治的に不安定だから、旅行するのは難しそうだ。

いずれにせよ現生人類は、マンデブ海峡を渡ったならばもちろんのこと、北上したとしてもシナイ半島を越えて、アラビア半島やシリア地方（現在のシリア、レバノン、イスラエル、ヨルダン）に出て来たに違いない。この地域は今のような砂漠になる前は湿潤で、草原と湖から成り、いろんな哺乳動物の狩猟が可能だったと推定されているから、現生人類は新天地で一息ついたのではなかろうか。そしていくばくかの月日か、いく世代かの年数を過ごしたのちに、次の土地へ向かい、世界中に拡散して行ったのではないだろうか。

そんな想像をすると、現代の人類である我々の心か身体のどこか隅の方に、アフリカからいったんこの地域に出て、そこでぐっと力をためてから世界中に広がって行った祖先の旅の記憶が刻まれているのではないか、という気がしてきた。

第一章

二一世紀初めのサウジアラビア

リヤド赴任とわいせつ画

飲み貯めと称して毎晩飲み歩き、ずっとこの状態が続けばいいと思っていたのだが、ビザはすんなり降りてしまい、私は二〇〇一年七月のある日、いよいよサウジアラビアのリヤドに赴任することになった。

就労ビザの条件として、初回の入国時には国営サウジアラビア航空（以下サウジ航空）を利用しなければならなかった。サウジ航空は日本に就航していなかったから、私はフィリピンのマニラまで行ってそこからリヤド行きのサウジ航空便を利用することにした。成田空港を朝出発し、夕方マニラに到着。乗り継ぎのため新しいターミナル・ビルに移動すると、出国カウンターの近くでは、同じ便に乗ってサウジへ働きに行くと思われる大勢のフィリピン人が、家族との別れを惜しんでいた。

石油・天然ガスを豊富に産出するサウジアラビアは、中東最大の経済力を持ち、出稼ぎ労働者の最大の受け入れ国である。当時、一二〇万人以上のフィリピン人がサウジアラビアで働いていた。私が乗るサウジ航空便は、リヤドからマニラに向かう往路でも、帰国する大勢のフィリピン人を乗せて来たに違いなく、乗客は輸入関税が軽減される海外労働者の特典を利用しただろうから、すさまじい量の荷物を積んで来たに違いない。その便が折り返し、大勢のフィリピン人を乗せてリヤドへ行くのだ。

サウジ航空は機内でアルコール類を提供しない。ほかの航空機でもサウジアラビアの領空ではアルコール類を提供しない決まりだが、サウジ航空は場所に関係なく一切出さない。だから私はアルコールの飲みおさめだと観念して、空港のラウンジでサンミゲル・ビールを二本飲んだ。

搭乗口へ向かうと、制服姿の係員に呼び止められ、手荷物を開けるよう要求された。すでに検査場は通っているのに念入りなことだ、と私は思いながら、ショルダー・バッグをテーブルに置いてファスナーを開けた。フィリピン人の男性係員が中から書類やノートなどを取り出し、ひとつひとつ念入りに確かめた。女性の水着姿やヌードの写真など、わいせつと認定されるものは持ち込みが禁止されていて、ビデオ・テープやＤＶＤはリヤド空港で中身がチェックされると聞いていたから、そんなものは一切入れてなかった。彼は何を思ったか雑誌『文藝春秋』を手に取り、一ページごと繰っていたが、ようやくお目当てのものを発見したらしく、一枚のページを私に見せた。それは黄桜酒造の日本酒の広告だった。係官は得意気に笑みを浮かべながら、カッパの女性が胸をあらわにして酒を飲んでいる絵を指し示し、首を左右に振った。私はあっけに取られて苦笑いしたが、彼は私が納得したと見て、そのページを破って捨てた。

私はむっとして彼をにらんだが、怒るよりもあきれてしまった。彼は職務に忠実なつもりなのだ。

しかしこれは、サウジアラビアに赴任する直前の私に授けられた洗礼なのだと後日気づいた。

リヤドには音楽ＣＤを売る店舗が、大小を問わずショッピングモールのなかなどにあったが、そこで何とも異様なものを目にした。ＣＤジャケットの写真がやたら黒いのは、女性歌手や女性奏者の胸元や手足が黒く塗られていたからだった。書店に行っても、輸入雑誌のグラビアには、女性が写っているらしい箇所が不自然に裁断されていたり黒塗りされていた。ＣＤショップや書店の店員がいちいち処理するわけではなく、海外から出荷する前に、認定された輸送業者がそういった加工をするらしかった。たぶんマニラ空港の係員みたいな担当者がいて、肌をさらした女性の写真にインクを塗るのだ。そんな配慮からだろう、ここではスターバックス・コーヒーが（胸元を髪で隠している）マーメイドのロゴの使用を控えていた。

何ともあきれてしまったが、こんな社会なのだと認識して慣れるしかなかった。私はここに三年間ほど住まなくてはならないのだ。

ちなみにインターネット・サービスはこの国でも一九九九年から始まっていたが、電話線や専用線を使ったサービス・プロバイダー経由であり、その手のウェブ・サイトに対してしっかり接続制限がされていた。しかし画像なら小さなメモリーやハードディスクに入る時代になっていたから、規正はもう骨抜きになっているようにも思った。

搭乗したサウジ航空の機内では、カルダモンの香りがするアラビック・コーヒーとナツメヤシの実（デーツ）が出された。滑走路から機体が飛び立つ前に機内放送で、コーランの一節と思われるアラビア語が唱えられた。飛行中は前方のスクリーンにしばしばキブラという、イスラム教の聖地メッカの方角を示す模様が出た。機内中央と後方には、カーテンで仕切られた礼拝のためのスペースもあった。

マニラからリヤドまで飛行時間は約九時間である。緊張して私は一睡もせずにいた。到着の前、近くの座席に座っていた年配のアラブ人カップルのうち、女性はいつの間にか黒衣（アバヤ）を着ていた。

夜の一〇時前に到着したが、日本との時差は6時間だから、朝の4時にあたる。私は急ぎ足で入国審査場に向かった。すっかりアルコールはさめていた。入国審査場に近づくと、心配していたほどには混んでおらず、私は外国人用の窓口に並び、半時間ほどで通過することができた。成田空港で預け入れた二つのスーツケースをターンテーブルで拾い上げて、私は税関検査場に向かった。X線検査機に荷物を通して自分の順番を待つ。案の定、スーツケースの一つを開けるように言われ、おみやげ品のデパートの包装紙がひとつ破られたが、中身が和菓子だとわかり、それ以上の詮索はされずに済んだ。

無事に税関検査場を出ると、私の名前を書いたカードを胸に掲げた男が到着ロビーで待っていてくれた。運転手であるその男のあとについて空港ビルを出ると、全身にドライヤーの風をあてられたような熱気を感じた。夏場の日本や東南アジアで感じる暑さと違い、湿気がない。風が暑く感じられるのは、体温より熱いからに違いないが、背中や脇の下に汗をかくことはなかった。

道路脇にたたずんで、駐車場棟から車が出てくるのを待った。見上げると空には下弦の月がかかり、前のビルの屋上に三日月と星のマークが見えた。三日月と星の取り合わせは、イスラム教諸国でよく見られる図柄だ。ついに到着したと、しみじみ感じた。

運転手はシェイクという、名前は部族長みたいに偉そうだが、ちょっと頼りない感じがする、短髪で細面の三〇代のスーダン人だった。痩身に白い衣装（トーブ）を着て、ひげは薄い。私の勤務先は日本人派遣員に対して運転手つきの車を一台ずつつけていた。この国は日本と違い車は右側通行だ。私は左ハンドルのマニュアル車でも運転できるが、トラブルのときに困るだろうから、運転してもらったほうがいい。彼の運転で私はリヤド市内のホテルに向かった。

礼拝時刻の尊重

初日から慣れなければならなかったのは、礼拝の時刻だった。一日に五回の礼拝（サラート）は、イスラム教徒の義務である。モスク（礼拝所）から、礼拝時刻になると呼びかけ（アザーン）が聞こえてくる。最初の礼拝時刻は夜明けの直前であるため、まだ暗いうちに街なかのモスクから聞こえてきた。時差ボケでようやく寝付いたばかりの私は、これで目が覚めた。

その日の朝から勤務先のオフィスに出社し、所長や所員に挨拶して、駐在員生活を始めた。オフィスのあるビルは低層階がショッピング・モール、高層階がオフィスという構造だったが、ビル内にもモスクがあり、正午前の昼の礼拝時刻、すなわち太陽が中天にかかったときに、館内にアザーンが放送された。イスラム教徒の職員たちは呼びかけに応じて席を離れ、館内のモスクに行ったり、会議室の隅に絨毯を敷いてお祈りをしたりする。非イスラム教徒は日本人のほかにもいて、礼拝の時間中も普通に仕事を続けた。次の礼拝時刻は太陽が中天と日没の中間にきたときとされ、夏なら午後三時半頃、冬なら二時半頃になる。

この二回の礼拝時刻は、オフィスのなかで仕事している分には支障ないが、外出先だと困ることがある。たとえば役所のビルにいたりすると、突然大きな音量の館内放送でアザーンが聞こえてくる。会議はそこで打ち切りだ。それまで対面していた相手は、議論の最中であっても「ハラス（終了）」なんて言って、そそくさと書類を片付け、近場のモスクに向かうか、あるいはビル内のスペースに絨毯を敷いてこしらえられた礼拝場所に集まり、礼拝を始める。このあと会議が再開されることはまれなので、私は後刻あるいは翌日に出直すことにしてビルを出る。運転手を呼び出すようなサービスはなく、その頃はまだ運転手に携帯電話を持たせていなかったから、シェイクが私に気づいてくれるのを待つしかないが、一向に現れない。炎天下、車を探しに駐車場に行き、ようやく見つけても、シェイクがいない。モスクへ礼拝に行ってしまっているのだ。乾燥していて汗をかかないから、脱水状態になっても自分では気づかない。私は気分が悪くなってきたのでビル内に戻り、彼が礼拝を終える頃までそこで待つことにした。

何度かこんな経験をしたので、どうしたものかと総務担当のエジプト人職員を交えて話し合った。あらかじめ指定された時刻まで礼拝に行かずに待つ、ということで合意されたが、敬虔なイスラム教徒であるらしいシェイクは、お祈りに来なさいと呼びかけるアザーンに逆らえないようだった。結局、彼がお祈りを終えて戻ってくるまでほんの二〇分くらいなのだから、私のほうがどこか涼しい場所で時間をつぶしたらいいのだと悟った。

日が沈んだ直後にも礼拝時刻がある。自炊するため私は帰宅途中、夕食の食材を買いにスーパーマーケットに寄ることが多く、しばしば日没の礼拝時刻に重なった。買い物中にアザーンが放送されると、スーパーマーケットの出入口が閉ざされる。私はじっと中にいて、礼拝時間が過ぎるのを待つしかない。もし買い物を終えて外に出たところでアザーンが聞こえたりするとたいへんだ。運転手は礼拝に行ってしまい、車には乗れない。戻ろうにもスーパーマーケットは閉まっていて、ほかのお店もすべて明かりを落としてシャッターを閉めている。私は生鮮食料品を抱えたまま、暑熱が残るアスファルトの上で待つことになる。ここでも運転手にお祈りに行くなと言うわけにはいかない。街なかのショッピング・エリアには宗教警察（正式にはムタウウィウという、イスラム風紀取締り人。勧善懲悪委員会というサウジ建国当初からある政府機関に所属して宗教指導・監督を行なう）が見回っていて、怠慢な信徒を取り締まっているからだ（第八章で述べる通り、二〇一六年四月に宗教警察は活動を停止し、礼拝時刻の間もスーパーマーケットや商店は店を閉めなくなった）。

街なかのレストランはこの日没後の礼拝時刻が過ぎると一斉に営業を始めた。暑い昼間に外出を控えていた人たちが街に繰り出す。レストランは深夜まで営業していて、けばけばしいネオンが光る店もあるが、酒類は一切ない。食事は女性や子どもづれならレストランのファミリー・セクションを利用できるが、男だけだとシングル・セクションに回され、女性と同席することはない（後述の通り、二〇一九年末からシングル・セクションとファミリー・セクションの分離は不要になった）。女性はみなアバヤと呼ばれる黒い布の外套を着て髪の毛と全身を隠し、人によっては顔もおおって目だけ出している。アバヤを着けていないと、先述の宗教警察に注意され着用を強要される（二〇一六年四月に宗教警察は活動を停止し、これもなくなった）。

リヤドのアバヤ・ショップ

日没後もしばらく夕空には残光が見られるが、これが消えてすっかり夜になったら夜の礼拝、すなわちその日最後の礼拝の時刻が到来する。

私は毎朝オフィスに行くと、新聞でその日の礼拝時刻を確認する習慣がついた。運転手だけでなく街中の住民のほとんどが従うのだから、それを目安にこちらも一日の予定を組めばいいのだ。リヤドは北緯二四度に位置し、石垣島や台湾と変わらないから、気温の変化はもちろん、日の出と日没の時刻は夏と冬で一時間半以上異なる。日の出・日の入りの時刻が日々変わるに連れて、礼拝時刻も変わってゆくのだ。

多くのイスラム教国がそうであるように、この国の休日は金曜日である。金曜日にはイスラム教の集団礼拝が行なわれるからだ（コーラン第六二章九節）。たいてい私は日本人仲間と車に乗り合わせて朝からゴルフに出かけたが、シェイクの運転で行く場合は配慮した。ゴルフ場に朝着いたら私は彼をいったん返し、彼が集団礼拝を終えてから迎えにくるのをクラブハウスで待った。たいして不便はなかった。

金曜日以外に、私が駐在していた頃は木曜日も休日や半ドンにするところが、役所だけでなく民間会社にも多かった。日本を含めて世界中の非イスラム教国のほとんどが土曜日と日曜日が休日だから、木曜と金曜を休みにすると、月曜・火曜・水曜の三日間しか実働日が重ならない。これはたいへん効率が悪かった（二〇一三年六月末から、サウジアラビアの休日は金曜日と土曜日に変更された）。

コンパウンドのワイン作り

リヤドに到着してホテルに一泊した翌日から、私はコンパウンドに移った。コンパウンドとは、もっぱら外国人がこの国で暮らせるように作られた複合居住施設である。私が入居したのはコルドバ・オアシス・ヴィレッジという、高級な部類のコンパウンドだ。海外で生活するなら、安心・

安全のために相応の費用をかけなければならない。当地の日本人駐在員の大半は、こういったコンパウンドに暮らしていた。

コルドバ・コンパウンドはリヤド市内の北に位置し、周囲が塀に囲まれた、ざっと四〇〇×五〇〇メートル四方くらいの区画で、入口には警備員が常時配置されている。区画内には大小様々な二階建ての住居（ヴィラ）が、ほとんどが家具付きで三〇〇棟ほどあり、レストラン、大小のプール、トレーニング・ジム、コンビニ店、ランドリー店、貸しビデオ店などの諸施設が備わっていた。住人は欧米人と日本人のほか、中東の近隣国の人たちも少なくなかった。

コンパウンドのなかではイスラム教の規制や習慣を強いられることはない。先述の通り、女性は家の外で黒衣のアバヤを着る必要があり、男性もまた、へそから膝までは隠さなければならない。アバヤを着用していない女性ばかりか短パン姿の男性も宗教警察に注意される。男性にはたいして不便ではないが、女性にとっては外出のたびに面倒なことだ。こういった規制が、コンパウンドの中ではないのだ。

私が入ったヴィラは、一階の玄関を入るとリビングダイニングとキッチン、階段を上がった二階にベッドルームがふたつという構造で、単身で暮らすには不便はなかった。鍵をもらって入り、すぐにエアコンをつけたが、なかなか冷えないのは壁が熱いからだ。手を当てると壁に四〇度以上の熱が感じられた。壁は分厚く、日中の陽射しのせいで夜になっても熱が下がりにくい。そのためエアコンは必須であり、電気代が安いから、外出して不在の間も含めて一日中エアコンをかけている家庭もあった。

コンパウンドのなかのコンビニは小さく、日用品が切れたときには便利だが、新鮮な食材は外の大型スーパーマーケットで買うことになる。この国は野菜や果物の自給率が意外に高く、輸入品も豊富に売られている。ノンアルコールビールがふんだんに売られているが、その隣には果物ジュースが大量に売られていて、防腐剤が入っていないブドウ・ジュースを私はよく仕入れた。ワインもどきの飲料を作るためだ。

ワインの作り方は簡単だから、すぐに修得できた。ワインを仕込む樽は、上部が取り外せるフタ状で、下部に蛇口がついた、ウオーターサーバーのようなプラスチック容器だ。きれいに中を洗って、赤でも白でもいい、ブドウ・ジュースをたっぷり入れる。ジュースの甘味を増やすために砂糖や甘味料を加える。この糖分が発酵によりアルコールに変化するのだ。よく混ぜたあと、ワイン酵母を入れる。ワイン酵母は、渋谷の東急ハンズの棚に吊られていた小さな袋を全量買い込んで持ってきていた。小皿に入れたお湯にワイン酵母を溶かしてフタをして、ブクブクと活性し出したらジュースに流し入れる。発酵作用で発生したガスを排出できるよう、ワイン樽のフタにはあらかじめ細工がしてある。てっぺんに小さな穴を開けて、そこに熱帯魚店で売っているような細い透明のビニール管の片方を差し込み、もう一方は別に用意したペットボトルの水の中にさしておく。ガスが発生して樽の中の気圧が上がると、管を通って水の中へ押し出される仕組みだ。

これだけの簡単な仕込みを就寝前にしておくと、早くも翌朝には変化が現れる。二階の寝室からキッチンに降りてくると、におうのだ。夜間に発酵作用で出たガスのにおいだ。ちなみに前の晩片付け忘れた生ゴミはパリパリに乾いていて、におうことはない。

ワイン樽のそばで耳をすましていると、ときどきボコッと発酵の音がする。数秒すると、隣のペットボトルの水に差し込まれたビニール管の先から、ブクっとガスが出る。うれしくなって私はつい、頑張れと声をかけてしまう。

一週間ほどすると、音もにおいもしなくなる。樽の上部のフタを開けて、発酵が下火になってきたのを見定めたら、下部の蛇口から瓶にワインを注ぎ入れる。瓶入りブドウ・ジュースのなかにはフタにストッパーがついているものがあり、便利だ。冷蔵庫に入れると瓶のなかの発酵は抑えられるが、それでもフタを開けるとプシュッと音がすることもある。一週間ほどして発酵が完全に終わったら飲んでみる。

酸っぱかったり甘かったり、出来映えはその都度異なった。原因は不明だが、いつまで待っても発酵しなかったり、逆に発酵が止まらないこともあった。アルコール度数は5パーセントくらいだろう。まずくて、せいぜい一、二杯しか飲めたものではないが、それでもほんのり酔いが回ってくると、ほっとした。不慣れな環境でぎくしゃくする毎日を過ごしていたが、このわずか一杯のまずいワインのおかげで、三年間ぐらい、何とかやっていけるのではないかという気がした。

日本酒やビールも自家製造が可能だと聞いたのだが、とても自分にはできそうにないと思い、試したことはない。

アラビア半島の地形とリヤド

日本人の私は夏は湿度が高くて蒸し暑いと思い込み、それは遺伝子レベルまで染みついているから、リヤドの乾燥した暑さに慣れるまで時間がかかった。中東でもアラブ首長国連邦（UAE）やクウェートなどの湾岸諸国や、同じサウジアラビアでもペルシャ湾岸や紅海沿岸の都市に行くと、海が近いから湿気があり、冷房の効いた車から降りると眼鏡が曇るのだが、リヤドではそんなことがない。赴任した当初寝苦しいと思ったのは、この特殊な気候のせいだけでなく、リヤドの標高が六〇〇メートルもあるからかも知れない。アラビア半島の中央部は砂漠地帯だが、その中心にはトゥワイグ山脈と呼ばれる、逆「く」の字の形の丘陵が南北に八〇〇キロ連なっていて、リヤドはその山稜が広くなった高原地帯に位置する。そんな場所でも古くから人が住むオアシスだったのだから、不思議な地質だ。リヤドから西へ行く道は、トゥワイグ山脈の石灰岩質の切り立った断崖を左右に見ながら急降下し、砂漠地帯へ入って行く。砂漠と言っても地質によって色も状態も異なり、赤黒い花崗岩地帯、黒い熔岩地帯、赤い砂岩地帯、白い土漠・石灰岩地帯、砂丘地帯がある。

アラビア半島の西側は紅海に沿って山脈が連なり、南のイエメンに近づくに連れて、幼児の靴のたとえで言うとかかとに向かって標高が高くなり、かかとから土踏まずに向けても、海沿いに高山が連なる。つま先のあたり（オマーン）の沿岸にも高山が連なり、その北端はいったんアラビア湾で遮断されるが、狭いホルムズ海峡を越えてイランのザグロス山脈に繋がっている。このような地形は何億年にもわたる地球規模の地殻変動によって形成されたもので、今の形状は五〇〇〇万年前までに出来上がったそうだ。

アラビア半島の内部はゆるやかに北東に向けて傾斜していて、砂漠の下には水を透さない岩盤層があり、その上を流れる地下水が所々で地表に現れ、オアシスを形成している。その昔、現生人類がアフリカから渡ってきた頃は湖がいくつもあったらしいが、一万四〇〇〇年前頃に氷期が終わって気温が上昇し、砂漠化が進んで、オアシスが点在するだけの状態になったのだろう。

地下水には太古に封じ込められた化石水もあるが、主に北西インドと東アフリカの間を吹くモンスーン（季節風）がもたらす降雨がたまったものだ。モンスーンの語源はアラビア語だそうだ。四月末から一〇月初めにかけて半島の南西から吹く季節風により南部には雨が降り、山脈には森林が生い茂り、高地から平野部にかけては温暖湿潤な気候になるため、古くから農耕が行われてきた。しかし湿気はそこで遮られてしまい、内陸には乾燥地帯が広がる。大部分が砂漠で、砂や礫で覆われた荒れ地である。南はルブアルハリの大砂漠、中央部から北部にわたってダフナ砂漠とナフド砂漠が広がる。一一月から三月までの冬場には、今度は北東から季節風が吹き、北部に雨をもたらす。この二方向の季節風を利用して、古くからアラビア商人は海上交易にいそしんできた。

年間平均降水量は一〇〇～一五〇ミリにも満たないが、雨が降るとワディと呼ばれる涸れた谷や川に水流が現れる。ワディは三〇〇〇万年前から二〇〇〇万年前の間に降った大量の雨が、西側の山脈を浸食しながら東へ半島を横切ってアラビア湾に注いでいった、その跡である。水流は洪水になって大きな被害が出ることがあり、今でも雨が降ると用心しなければならない。私の親しくしていたサウジ人は、兄が自動車運転中に鉄砲水に飲み込まれて亡くなったと話してくれた。

九・一一事件

航空機による同時多発テロ事件、いわゆる九・一一事件がアメリカで発生したのは、私がリヤドに赴任してまだ二カ月にならないときだった。リヤドとニューヨークの時差は八時間あり、事件発生時、私はオフィスで仕事中だった。夕方、誰かが事件に気づき、オフィス内が騒がしくなった。大事件のようだが、何が起きているのか全貌がつかめない、という。事件に呼応して何か起きないとも限らないから用心するように、との連絡が本社からあったようで、私たち事務所員はみな早退することになった。この時点でインターネットのニュースは、二機の旅客機が突入して炎上する世界貿易センタービルの画像を写し、今のところいったい何機の飛行機がハイジャックされて、どこが襲撃されようとしているか、不明だと報じていた。

ビルのエレベーター・ホールには人だまりができていて、何かささやき合い、不安な緊張を漂わせているのを私は感じた。帰宅してテレビをつけ、NHK、CNN、BBCの衛星放送を見て回った。私用のパソコンを電話回線でインターネット・サービスに繋ぎ、アルジャジーラほかのニュースをあさった。ピッツバーグ郊外に墜落した旅客機やペンタゴンの被害について知り、貿易センター・ビルの崩壊の映像も見た。たいへんなことが起きて、今後どのような展開になるか不安で、私はそのまま明け方までテレビを見続けた。私は前年とその年に二度アメリカに出張した際、国内線の手荷物検査がずさんだと感じたのを思い出した。私自身がかつてハイジャックに遭遇したことがあるだけに（拙著『ハイジャック犯をたずねて』参照）、他人事には思えなかった。だが、四機もいっぺんにハイジャックし、しかもビルに突入するとは、何度映像を見ても信じられなかった。

犯人がどんな連中でどんな事情や心理で実行したのか、私は不思議でならなかった。

乗客名簿や空港に乗り捨てられたレンタカーの遺留品などから、犯人たちは中東出身のアラブ人だと認定され、実行犯一九人のうち一五人がサウジアラビア国籍だとアメリカ政府が公表した（九月末）。これに対し、サウジアラビアの内務大臣が彼らはサウジ人じゃないと発言して、認識不足を露呈した。

アメリカ政府は国際テロ組織のアルカーイダとその指導者ウサマ・ビンラーディンが関与していると公表した。アルカーイダは、一九八〇年代後半にアフガニスタン紛争に参加してソ連軍と戦ったサウジ人のウサマ・ビンラーディンが中心になって結成した組織だ。彼はイラクとの湾岸戦争（一九九〇年）以来サウジアラビアにアメリカ軍が駐留していることに反対し、一九九六年にはアメリカに対する戦争を宣言していた。一九九八年にタンザニアとケニアの米国大使館が爆破され、この前年の一〇月にイエメンのアデン港で米軍の駆逐艦が自爆攻撃されたのも、アルカーイダの犯行とされる。私はこれら一連の事件の報道からアルカーイダの名前を知っていたのはもちろん、その指導者ウサマ・ビンラーディンについても、自分と同じ年齢だと知って以来、関心を持っていた。それもあって、サウジアラビアの商業都市ジェッダで何軒かジェネコンを回った際、サウジ・ビンラーディン・グループを訪れもした。ウサマ・ビンラーディンはもう同社に関係なく、サウジ国籍すら剥奪されているとは聞いていた。イエメン出身の彼の父親が一代で築き上げ、彼の異母兄弟が経営を継いでいるその建設会社は、豪壮な本社ビルを構えていた。

事件の翌日からしばらくの間、私は事務所内や取引先で事件を話題にした。仕事で一緒になるのは当然ながらアラブ系の人たちが多く、次いでアフリカや南アジアの出身者だった。彼らの情報量は必ずしも多くなく、総じて彼らも困惑していた。しつこく迫ると、事件は自分には関係なく、関係したくもないとてその話題を避けるか、アメリカとイスラエルが仕組んだ狂言であり、アラブ人に濡れ衣を着せるための謀略だと疑うか、あるいは、実行犯は過激な狂信者であり真のイスラム教徒ではないと言って非難する、などだった。CNNニュースが放映したパレスチナの街角のように、よくやったと賞賛するような人は、私のまわりにはいなかった。来たばかりの外国人であり異教徒である私を警戒してかも知れなかったが、それよりも、こんな事件が起きるなんて信じたくないという気持ちのほうが強いように思った。

事件の直後、アメリカのブッシュ大統領（四三代）が十字軍にたとえる失言をし、直ちにこれは宗教戦争ではなくテロとの戦いだと修正した。宗教間の対立を強調するのはウサマ・ビンラーディンのほうだった。カタールのメディア、アルジャジーラにビデオ出演した彼は指導者の風貌で、事件はアメリカの暴虐に対する天罰だとたたえ、聖戦（ジハード）に加わるようイスラム教徒に呼びかけた。私には、信仰を利用して凶悪なテロ行為を正当化し煽動する詭弁に聞こえたが、彼に共感する人たちがどのくらいいるのか見当がつかず、それゆえに不気味だった。

事件の影響を受けて航空機の利用者が激減し、航空会社も便数を減らした。職場でも、国内・国外を問わず飛行機の利用を自粛するよう通知がなされた。そのためサウジアラビアに来訪する出張者の予定がすべてなくなって仕事が暇になる一方、私たち駐在員も同様に自粛しなければならなくなった。息抜きにドバイへ行こうとか、休暇を取って家族旅行しようとしていた駐在員たちは、計画が立てられなくなってしまった。

アメリカ政府は九・一一事件がアルカーイダによる犯行だと断定し（ウサマ・ビンラーディン自らも二〇〇四年一〇月にビデオ・メッセージで関与を認めた）、テロとの戦いを宣言した。首謀者であるビンラーディンやアルカーイダのメンバーを引き渡すよう、彼らをかくまうアフガニスタンのタリバン政権に要求した。要求が拒絶されると、一〇月、米英軍はアフガニスタンに空爆を開始し、地上侵攻も行い、一一月にはタリバン政権が崩壊した。ウサマ・ビンラーディンはどこかへ逃れたようなので、これでテロとの戦いが幕切れとは思えなかったが、ともかく一段落したように感じられた。

ちょうどラマダン（断食月）が始まる頃だった。

イスラム暦とラマダン（断食月）

日に五回の礼拝時間があることの次に慣れなければいけないのが、イスラム暦（正式にはヒジュラ暦、ヒジュラについては後述）だ。イスラム暦は太陰暦、つまり、月の満ち欠けで一カ月を決めるから、我々が使用する太陽暦に比べて一カ月間が短く、一年一二カ月を合計すると、三六五日よりも一一日少ない。後述の通り西暦六二二年七月一六日からスタートしており、私が赴任した西暦二〇〇一年七月は、イスラム暦では一四二二年の五月（ジュマダ・アルウーラー）だった。市販のカレンダーにはたいてい両方が記載されているか、あるいは西暦が小さく書き添えられていた。役所の書類はイスラム暦だけで書かれているから、私の場合アラビア語からの翻訳を読みながら、カレンダーで日付を確認しなければならなかった。日付についても、日の出ではなく日没から一日が始まるから、西暦の日付と半日ずれることにも注意しなければならなかった。

ラマダンとはイスラム暦の九月のことであり、このひと月の間、イスラム教徒は日の出から日の入りまで、一切の飲食を断つ。後述の通り、この断食はイスラム教の大事な定めのひとつだ。カレンダー通りに始まるはずだが、月の満ち欠けを観測する委員会があって、そこが目視の観測結果によって正式に始まりを確定し発表するという古風な手続きが取られる。西暦二〇〇一年のラマダンは一一月一七日から始まった。

イスラム教徒はこの月の間、夜明けの礼拝時から日没の礼拝時まで、食事はもちろんのこと、水も飲まない。イスラム教徒ではない私たちは、コンパウンドの中では自由に飲食しているのだが、外に出たら気遣いが必要だ。まずオフィスでは職員の大半が断食中だから、それを尊重して、彼らの面前で何か食べたり飲んだりはしない。彼らの目につかないよう会議室を一室借り切り、そこで私たちはコーヒーやお茶を飲んだり弁当を食べたりした。弁当を使うのは、レストランもファストフード店も昼間は営業していないからだ。ただし外資系のホテルならルームサービスに応じ、コーヒーショップの一角をカーテンで仕切って軽食を提供したりしていた。スーパーマーケットは普通に開いていたから、昼間でも食料品の購入に支障はなかった。

日中ひっそりしていた街は、日没の礼拝時刻が過ぎると変貌する。飲食店が一斉にネオンをつけて営業を始め、外食する人たちで賑わう。その日の断食を終えた人たちが、ラマダンを祝うため繰り出して来るのだ。道路の渋滞がひどくなり、街は深夜まで煌々と明るく、人々であふれ返る。彼らの購買意欲に訴えるように、ショッピングセンターや商店ではディスカウントの広告を掲げる。

断食が始まったばかりのうちは「ラマダン・カリーム」と言い合ってお祝いの挨拶を交わし、互いに励まし合う友好的な雰囲気があるが、日を追うに連れて疲れが見え、イライラ感が漂い出す。街では交通事故が増える。午後になるとみんな、日没の礼拝時刻が待ち遠しそうにしているのが見て取れる。太陰暦は太陽暦より一カ月間が短いと先に述べたが、ラマダン月はたっぷり三〇日ある。この年は西暦の一一月にラマダンが来たから、つらいとは言っても比較的楽だっただろう。夜明けは遅く、日の入りは早くなってきて、日中の最高気温がせいぜい三〇度過ぎくらいで収まっていたからだ。七月に赴任して以来、暑い気候に閉口していた私は、朝晩ようやく過ごしやすくなったと感じていた。なお、ラマダンの到来は、西暦のカレンダー上、毎年一一日ずつ早まるから、やがて夏の真っ最中にラマダン月が来るという年が何年も続くことになる。断食は苦行の度合を増す。

ラマダンの間は政府も民間会社もともに就業時間を短縮するところが多く、仕事は停滞しがちだ。だが、官庁の上層の人に会いやすいメリットもある。みんな早起きして夜明け前に食事し、早い時間から出勤しているが、会議も来客も少なくて、暇そうにしているからだ。ただし、眠そうだったり不機嫌だったりすることもある。民間企業では夜型の生活に合わせて、日没の礼拝後から仕事が本格化したりする。彼らの会議に出席すると、帰宅が深夜になってしまう。

夜明け前の食事をスフール、日没後の食事をイフタールと呼ぶが、イフタールを彼らと一緒に取るのは楽しい。帰宅途中なら、運転中のシェイクがデーツ（ナツメヤシの果実）やクッキーをくれたりするから、私も何か用意しておく。アラブ人のお宅に食事に招かれることもあった。妻女は絶対に出て来ず、男ばかりで食事して、食事が済んだらさっさと失礼するだけだったが。

ラマダンの間は国内線の機内で朝食も昼食も出ないが、イフタールは出る。夕方にジェッダから私が乗った便では、ブレックファースト・ボックスという、お菓子やパンなどが入った機内食の紙箱が、飛行中に乗客の座席の前のテーブルに次々と置かれた。だが、誰も手をつけず、おあずけの状態が続いた。窓から差し込んでいた夕陽が陰ってきて、日没が近づくに連れてリヤドに近づき、しばらくしてシートベルト着用のアナウンスがあったが、機内食も座席のテーブルもそのままだ。到着と日没とどちらが早いのかわからない。じりじりと時間が経過して、突然の機内の放送は礼拝時刻が到来した合図らしかった。乗客が一斉に紙箱を開けて食べ出した。乗務員も通路奥の座席にすわって食べ始めた。機内では機体が空港に向けて降下する音がサイレンのように鳴り響き、空気抵抗により機体の揺れが増してきたが、誰も気にせず黙々と食事を続けた。パイロットだけは、何か口にしながらでもいいから、操縦に集中してくれるよう私は願った。着陸の衝撃は普段と変わらなかった。ともかく無事に着陸して、ほっとした。機体がランウェイを進んでボーディング・ブリッジに接続するまでに、乗客は食事を終えて携帯電話で会話を始め、機体が停止すると嬉々として立ち上がった。私は彼らのあとに従って空港の出口に向かって歩きながら、ビル内が普段より閑散としているように感じた。空港の客も職員も、断食明けのイフタールで忙しいのかも知れなかった。

ラマダン月が終わると、断食明けを祝うお祭り（イード・アルフィトル）のため、サウジアラビアは官庁も民間会社も休みに入る。私たち駐在員は休暇を取るチャンスだったが、アフガニスタンの戦争は終わったものの、飛行機の利用はまだ自粛するよう言われていたから、どうしようかと職場で議論になった。普段からサウジアラビアは休日が少ない上に、緊張と抑圧を感じながら暮らす間に自覚できないほどストレスが蓄積されているから、精神的な解放が健康管理のため重要であり、そのためには国外に出ることが必須だと全員が唱えた。一斉にではなく順番にだったが、みんな出国して休暇を取ることにした。

私も休暇を取りたかったが、赴任してまだ半年もたたないため、長い休みは取れないでいた。そこで私は、隣国のバーレーンで日本からの出張者らと会食するという仕事の予定を入れた。バーレーン王国はペルシャ湾の島国だが、サウジアラビア東部州のアルコバールから海上を橋（コーズウェイ）で渡ることができる。つまり飛行機を利用せずに行けるのだ。リヤドからアルコバールまでは、砂漠を突っ切るハイウェイを3時間半ばかり、続いてアルコバールからバーレーンまでは、途中の出入国ゲートの混み具合にもよるが、早ければ半時間だ。アルコバールでひと仕事済ませてバーレーンに向かった私は、車内で突然疲れを感じ、指一本動かすのもいやになった。

コーズウェイに設けられた出国ゲートを越えたところまで覚えているが、緊張が解けたのか意識を失ってしまい、ホテルに到着して起こされるまで気が付かなかった。

ホテルにチェックインするなり、ロビーの端のバーに向かい、カウンターでドラフト・ビールを1パイント飲んだ。続いて、自家製じゃない本物のワインを味わった。すっかりアルコールに弱くなっていたから気分が悪くなり、部屋で休んでいたら、会食の約束に遅れてしまった。

巡礼月

ラマダンの三カ月後にくる巡礼月（ズー・アルヒッジャ）には、世界中から一〇〇万人を超えるイスラム教徒が、聖地メッカで巡礼の儀式に参加するため、サウジアラビアを訪れる。巡礼には巡礼月以外に行なわれる小巡礼（ウムラ）もあるが、巡礼月に行なわれる大巡礼（ハッジ）は一大行事だ。海外から訪れる巡礼者のため、メッカに向かう玄関口であるジェッダでは、港と空港に大量のテントや施設が設営される。リヤド市内で巡礼者を目にすることはまれだが、飛行場ではその一団を、白い布を羽織った男性の一団をよく見かけた。

赴任後半年あまりたった二〇〇二年二月半ばから、巡礼月が始まった。私はある朝、ジェッダに出張するため、リヤド空港からサウジ航空の国内便に乗った。C（コンファームド）と記された航空券を持ってはいたが、満席だと聞いて他国での苦い経験を思い出し、早めに空港に行ってチェックインを済ませた。割り当てられた座席は、機内前方のエコノミークラスの窓側二席の奥だった。座席で出発を待っていると、乗務員から声をかけられた。彼のうしろには、アバヤを着て全身黒ずくめの女性が両目だけ出して立っていた。乗務員は私に、二席のうち通路側の座席がこの女性の席なのだが、男女が並ぶのは都合悪いから、後部座席に移ってくれないかと、比較的丁寧に言った。私はこんなことでごねるのは大人げないと判断し、女性に席を譲り、手荷物を持って乗務員のあとに従った。向かった機内後方はというと、一様にイフラームという、白い布を上半身と下半身に巻いただけの格好の、髭剃りあとを青々とさせた、一〇〇人近い男性の巡礼者でぎっしり埋まっていた。そのむせかえるような巡礼団の真ん中の空席が、私の座席だった。念のため言うと、二時間のフライト中、不快な思いはまったくなかった。当時まだ私は巡礼について知識が足りなかったから、彼らと会話が成り立たず、今思うとそのことが残念だ。

巡礼月の一〇日目くらいに行われる犠牲祭（イード・アルアドハー）では、ヤギやヒツジやラクダといった家畜をほふる慣わしだ。ある日私は運転手のシェイクに言われて、前を行くトラックが荷台にヤギを何頭も乗せていることに気づいた。犠牲祭でほふるためなのだ。リヤドだけでも相当な数がほふられそうだが、メッカを含めたら全土で何十万もの頭数ではないか、とすると、イスラム教国全部ではどれぐらいになるのかと想像した。

「家畜たちもわかっているのさ」

仕事場で犠牲祭の話題を出したところ、西アジア出身の男が不思議な話をした。彼の出身の村では犠牲祭の当日、運命を察知した家畜が夜明け前から盛んに叫び声を上げるため、うるさくて目が覚めるのだそうだ。

「今年はヤギを一頭購入して、家族や仲間と一緒にほふって食べる予定だ」と彼は言った。リヤドに同郷人のコミュニティがあって、集まって祝うらしい。

「見に来ないか?」と私は彼に誘われたが、丁重にお断りした。犠牲祭の間に休暇を取って一時帰国するつもりでいたからだが、動物の殺生を見るのは勘弁願いたいとも思った。しかしそんな私だが、サウジ人との昼食会で出される、大皿に子ヒツジが丸ごと入った炊き込みご飯（カフサ）なら大好物だ。一見グロテスクだが、食べてみると、母乳で育った子ヒツジの柔らかくてくさみのない肉や、白いサイコロ状の内臓脂肪は、一緒に炊かれた大粒の米とともに、驚くほど美味なのだ。ただし調理されているからいいのであって、生きた子ヒツジが目の前でさばかれて焼かれたとしたら、とうてい食べられないだろうと思った。

そんな話を帰りに運転手のシェイクにしたら、彼はスーダン人の仲間と一緒に犠牲祭のため子ラクダを一頭仕入れたと言い出したので、私は再び唖然とした。

イスラム教では家畜を神に捧げること自体に意味はなく、神に敬虔な気持ちを届けるところに意義があると理解される。[*2] 家畜を犠牲に捧げる神事はコーランはもちろん（第三七章九九節以降、第二二章二八節）、その前、後述するユダヤ教の「創世記」（二二章）にもある。太古のメソポタミアやシリア・アラビア地域では、いつの頃からか土俗宗教が始まり、神官が現れ、神殿が建てられ、農業神を祀り、供犠、すなわち生贄を焼き尽くす燔祭や、供物の家畜をみんなで食べる犠牲祭が行なわれるようになった。後者がイスラム教の巡礼月に行われる犠牲祭に受け継がれているのだろう、と私は想像する。

イスラム教社会での生活

礼拝と断食と巡礼を身近に見てきたが、これらはイスラム教徒の義務とされる五つの行為（五行）のうちの三つだ。残りの二つは、信仰告白と喜捨である。信仰告白とは、「アッラーのほかに神はない、ムハンマドは預言者（神の言葉を預かる者、神の使徒）である」とアラビア語で唱えること、喜捨とは収入や財産の一部を困窮者のために施すことである。

イスラム教は原則的に布教活動をせず、非イスラム教徒に改宗を強いたり勧めたりしない（コーラン第二章二五六節。一〇章九九説）。従い、異教徒の私はこれらの義務を果たすよう求められたりすることはなかったが、イスラム教国に暮らして仕事する以上、イスラム教を尊重し、イスラム教徒の信仰を妨げないようにしたいと考えていた。

それまで私はイスラム教に対して、時代遅れで頑迷だというような漠然とした印象しかなかった。ただし違和感はあっても偏見はなく、嫌ったり軽蔑したりすることもなかった。なぜなら日本にはイスラム教徒と衝突した歴史がなく、日本に住むイスラム教徒は増えているとは言え数少なく、身近に接する機会がほとんどなかったからだ。日本ではキリスト教徒ですら、人口の一パーセントしかいない。だから、好きも嫌いもなく、よくいえば中立的、悪く言えば関心が薄かった。ここリヤドに来てから反発を感じたのは宗教に対してではなく、飲酒の禁止、豚肉食の禁止といった規律が非イスラム教徒の外国人に対してまで厳しく適用されることに対してだった。

赴任する前、不安がっていた私に対して、うらやましいと言う女性がいた。私が入っていた市民合唱団の団員だったが、彼女はイスラム教圏が好きらしく、中東や北アフリカを旅行し、その旅情に浸って楽しむだけでなく、アラビア語を学び、コーランの朗唱をCDで聞き、アラビア語の書道（カリグラフィー）を学んでいた。そんな彼女には同好の友人が何人もいて、集まりもあるらしかった。観光ビザがない（当時）サウジアラビアには行ったことがなく、だからうらやましがったのだった。砂漠の静寂と清浄が好きだと彼女は言い、送別品として自作のアラビア文字のカリグラフィーをくれた。私はそれをリヤドの住居で居間に飾っていた。文字を細いペンで装飾的に書くだけでなく、ハケも使って大胆に描くのは、日本の書道の影響を受けた有名な書家の作品をまねたのだと聞いていた。

ビジネスマンとして派遣された私に、彼女のような旅情はなかった。派遣された国の宗教だからイスラム教は尊重はするが、自分には関係ないと割り切っていた。コンパウンドに暮らして、家とオフィスとの間を車で往復するだけだから、平日は仕事に没頭してほかのことはあまり考えないようにして、週末のゴルフと次の休暇の旅行計画だけが楽しみという、典型的な駐在員生活を送っておれば、三年なんてすぐに過ぎると思っていた。

夕食後に居間でくつろいでいると、遠くのモスクからアザーンが聞こえてくる。テレビのローカル・チャンネルでは、コーランの朗唱をバックに、メッカのカアバ神殿と、神殿の中を周回する巡礼者の様子が画面に映し出されている。コーランには読誦法（タジュウィード）があって、男性の声が朗々と、微妙な音階と抑揚をつけて詠唱する。抑制された色調の画面が、哀惜を帯びた音調に似合う。アラビアの人々は千年以上この声音を聞いてきたのかと思うと、感慨を覚えなくもなかった。

宗教性の強い社会にいるせいか、自分にとっての宗教とは何なのかと私は考え始めた。振り返ってみると、京都の商家だった私の実家には神棚と仏壇があり、祖父母が健在の頃は朝夕お供えをしていた。先祖の法要は浄土真宗の菩提寺で行われたが、年始には家族そろって神社に参詣した。夏休みに参加する町内の地蔵盆では、お堂に大日如来も祀られていた。結婚式は神式にしたが、祖父母の葬儀は仏式だった。仏教と神社神道が並存していて、それに不都合を感じないのは、神仏習合の歴史が長く、明治維新後に神社仏閣は分離されたものの、家庭内ではそのままだったからだ。ほかにも儒教や道教や、キリスト教に由来するものまでも、生活習慣に混じっている。それをおかしいとかやましいとか思ったことはない。イスラム教徒の目からは典型的な多神教徒に見えるだろうが、多神教どころか、多宗教の混在なのだと私は思う。もう少し踏み込んで自分のことを言うなら、私は信仰心が薄く、普段は神仏など頭の片隅にもない。信仰の厚い人から見れば、ばち当たりな人間なのかも知れないが、それゆえ余計に、多宗教の混在に対して違和感がない。生活習慣や社会習慣のひとつとして従っているに過ぎない。

宗教は普通、親から子へ代々受け継がれてゆくから、イスラム教徒の家庭で育てばイスラム教徒になるのが自然だ。そう思うと私は信仰心の薄さを、祖父母や両親の世代から受け継いでいるのかも知れない。彼らは先祖からそうだったのか、第二次世界大戦前の軍国主義とそれに迎合する宗教界に幻滅したせいか、既存宗教にも新宗教にも懐疑的だった。私も懐疑的なばかりか、一九八〇年代に霊感商法が社会問題になってからは警戒し、一九九五年にオウム真理教が教祖の指示で毒ガスを作り無差別殺人を犯すに至って警戒心は極限に達した。そんなわけで私は、古典的教養としてしか宗教に興味を持たなかった。西洋史を学ぶ上でのキリスト教、日本史や東洋史を学ぶ上での神道や仏教や儒教がそうであり、イスラム教についてはこれまでその機会がなかった。

リヤドで読もうと思って日本から持ってきた本のなかで、私は仏教関係の書物を好んで読むようになった。イスラム教社会のなかで自分のアイデンティティを失いたくないというような心理が働いたかと思う。九・一一事件の実行犯のリーダーと目されるモハメド・アタは、出身国のエジプトではどちらかというと世俗的（つまり非宗教的）な家庭環境で成育したが、ドイツに留学してから熱心にモスクに通うようになったという。周囲から異分子のように見られたり無視されたりして、痛烈に孤独を感じたのではないかと想像する。モスクで待ち構えていたアルカーイダの触手にかかり、引きずり込まれたのだろう。

もしリヤドに仏教寺院があれば私も行ったろうと思うが、ここにはキリスト教会やヒンドゥー寺院も含めて、異教の施設は一切ない。

ウイスキーの調達

九・一一事件後の不穏な雰囲気や警戒感は、アフガニスタン攻撃が終わり二〇〇二年になってからも晴れなかった。私はこのまま単身生活を続ける覚悟を固めた。そんな頃、私はあるサウジ人の自宅に招かれた。場所は高い塀に囲まれた大きな家が並ぶ通りだったという記憶しかない。道路に面した門が開いて、邸宅の玄関で車を降り、広い応接間に通された。ゆったりしたソファは座り心地がよかった。そのサウジ人は王族ではないが、王室につながる名家の出自で、政府の仕事を引退して今は個人でコンサルタント業を営んでいるとかで、アメリカやヨーロッパの事情に詳しい口ぶりだった。このあとアメリカのイラク攻撃があるかどうかなど、ひとしきり世間話をしたあと、彼が隣の居間を見せたいというので、あとについて行ったところ、居間の壁一面が酒棚になっていた。いろんな洋酒の瓶が並び、隅にはワインセラーもあった。ここで政府のお偉方を接待するようなことをにおわせた。私は端から端まで眺めながら、あっけに取られてしまった。あるところにはあるらしいと聞いてはいたが、実際に目の当たりにするのは初めてだったからだ。どうやって手に入れるのか、初見の私に話してくれるはずはなかった。もの欲しそうにしている私に一滴も飲ませてくれなかったことが理由では決してないが、そのサウジ人とのつき合いはそれっきりになった。

金持ちのサウジ人が家にバーやワイン・セラーを持っているのを実際に見て、うらやむいうよりも馬鹿らしくなった。ちまちまとブドウ・ジュースに砂糖と酵母を入れてワインもどきを作っている自分がみじめになった。

裏切られた気持ちになる一方で、それなら自分もと考え、酒の調達ルートを真剣に探した。その結果、ジョニ黒（ジョニー・ウォーカーという銘柄のスコッチ・ウイスキーの黒ラベル）が一本一万円くらいで手に入る闇のルートをつかんだ。連絡を取り、オフィスの近くのショッピングモールの地下駐車場で現金と引き換えに何本か入手してみた。ドキドキしながら家まで持って帰り、早速試してみたが、アルコールに弱くなったのか、それとも中身が古かったのか偽物だったのか、飲んでもおいしくなかった。それでも何日かして一本開けたところで、さてこの空き瓶をどうしたものかと悩んだ。

イラク戦争前の緊張

アメリカのブッシュ大統領は二〇〇二年一月末の一般教書演説で、イラク、イラン、北朝鮮を悪の枢軸と呼び、テロとの戦いを重要な政治課題として強調し、戦いはアフガニスタンで終わったわけではないとの認識を示した。たしかに、ウサマ・ビンラーディンの行方は知れず、アルカーイダがどうなったかもわからないまま月日が過ぎていた。彼らがひそかに次のテロを計画し準備しているのではないかとの疑心暗鬼を、誰も払拭できないでいた。

六月、車体に仕掛けられた爆弾が爆発してイギリス人が殺される事件がリヤドで発生し、九月にはドイツ人が同様の被害にあった。駐車場に車を停めている間に爆弾が仕掛けられたりしないよう、私たちは運転手とともに注意しなければならなくなった。コンパウンドやホテルの敷地の入り口では、長い棒の先に鏡のついた器具で守衛が車体の下をチェックするのが常態化した。

一〇月にインドネシアのバリ島で過激派による爆破事件が発生し、二〇〇人以上が亡くなった。ウサマ・ビンラーディンがこれを支持する内容の音声メッセージを送った。テロとの戦いは地理的に広がっていることをうかがわせた。

イラクのフセイン政権がテロリストをかくまっているとか、大量破壊兵器を開発し保有しているとか、憶測に基づく議論がアメリカ政府内でなされているのがニュースからうかがえた。アメリカは次にイラクをやるんじゃないか、という観測が高まってきた。のちに判明したことだが、アメリカ政府内では、アフガニスタン攻撃の前からイラクの攻撃が検討されていたそうだ。一一月の中間選挙で共和党が圧勝すると、イラク攻撃論の勢いが増した。

サウジアラビアにとり、イラクは国境を接する隣国である。もしアメリカがイラクを攻撃するとなると、どんな影響を受けるか、リヤド在住の日本人駐在員の間で心配する声が高まり、日本大使館の館員も交えて、次のような様々な議論が起こった。

——もう一〇年以上前になるが、一九九〇年八月にイラクがクウェートに侵攻して始まった湾岸戦争は、アメリカ軍が中心の多国籍軍の攻撃によって翌年初めに収束したが、そのあとアメリカ軍はサウジアラビアに駐留している。アメリカがイラクを攻撃するなら、この駐留軍も加わるだろう。そうするとイラクにとりサウジアラビアも敵国になってしまう。湾岸戦争のとき、イラクはイスラエルとサウジアラビアにスカッドミサイルを打ち込み、それはリヤドにも着弾した。ついては今回も、イラクはサウジアラビアに向けて発射すると思ったほうがいい。ただ、そんな事態に備えて、迎撃用のパトリオットミサイルが配備されている。リヤド市内から南西に向かって緩やかに幹線道路を下る途中、右手にミサイルが数基、上空に向けて並んでいるのが遠望できる。それなら心配ないかというと、そうでもない。迎撃用ミサイルなら湾岸戦争のときにも備えられていたが、迎撃できなかったスカッドミサイルがリヤドと東部州の街ダーランに落ちた。あれから一〇年以上たって、イラクがミサイルの技術を向上させていないなどと楽観視はできない。もしアメリカ政府の憶測が正しければ、イラクは大量破壊兵器を準備しており、そこには生物化学兵器も含まれているそうだから、ミサイルの弾頭に生化学兵器が搭載されたらどうなるのか――。

カナリアを飼ってはどうかと提案する人がいたが、鉱山でもあるまいし、悪い冗談だと思った。ところが実際に、街ではガスマスクが売られ始めた。何個もまとめて購入する日本企業もあった。

もし現実に戦争が勃発するなら、国外退避を検討しなければならなくなる。政府系や民間企業の駐在員のほかにも在留邦人はいたが、身の安全を第一に考える点では一致していた。湾岸戦争時の経験を回想する人もいれば、この手の危機管理に敏感な人もいる。日本人だけ突出して国外退避すると、サウジアラビア政府に対して心証を悪くすると懸念し、欧米に追随するべきだという声がある一方、ぐずぐずしていると飛行機が満杯で乗れなくなる、さらには飛行機が飛ばなくなる、と危機感をあおる声も出る。緊急に国外へ脱出できるよう、一年間有効のロンドンまでの片道航空券を用意し常備することになった。いよいよになったら、日本の本社の了解を取る手前、各社バラバラではなく足並みを揃えて対策を講じよう、などと提案もされた。たしかに、A社はぎりぎりまで残っていたとか、B社は臆病にもいち早く退避した、なんて言われるのは勘弁して欲しいと思った。

家族を帯同している人の場合、家族だけ先に退避させるかどうかはいつも難しい問題だ。日本に帰ってすぐ住める家を手当てしなければならず、就学児童には学校の問題もある。事態が治まったらすぐまた戻ってくればいい、というわけにはいかない。

サウジ人と外国人労働者

オフィスのなかを見回すと、イラク戦争が始まったらどうしようといって騒いでいるのは日本人ばかりで、他の職員たちは普段通りの勤務を続けていた。聞いてみると、ここが戦場になるわけではないのだから、深刻に考える必要はないと達観しているのだ。彼らのうちサウジ人はわずかで、残りはサウジアラビアに働きに来ている外国人だった。サウジ人とちがって、外国人の場合は退避できないこともないはずだ。しかしながら彼らの場合も、退避というのは休暇で母国に帰るのと異なり、よほどの事態でない限り考えられない。まず退避費用を家族分を含めて雇用主が負担するかどうか、次に雇用の保証、すなわち、退避期間中の給与支給や期間終了後の雇用の確認がなければならない。母国に帰ってもここの給与に見合う職につけるとは限らないからだ。人によっては、母国が政治的に不安定なので帰れないという事情を抱えていた。彼の場合は経済移民として、一家そろってこの国に暮らすことを希望していて、退避先などないのだ。

外国人労働者という場合、いくつかのカテゴリーがある。まず、近隣のシリアやエジプトといった、産油国ではないがアラビア語圏から来ている人は、高学歴で高給取りが多い。人数から言うとアラビア語圏ではないアジアやアフリカから来ている人のほうが多いが、イスラム教徒ならアラビア語を使って仕事ができるようだ。異教徒であっても英語が使えれば仕事はでき、会計士などの資格を取っていればそれ相応の仕事がある。出身国にいるより給与待遇がいいから、家族ぐるみで長年暮らす人も多いが、雇用契約が延長されて滞在許可証（イカーマ）が更新されることが前提になる（二〇〇二年時点、以下同様）。

サウジアラビアの総人口はこの頃、約二一〇〇万人（二〇二三年現在は約三五〇〇万人）であり、その約四割が外国人とその家族だとされていた。外国人の割合が多いように見えるが、他の湾岸アラブ国の場合は国土も小さく自国民の人口も少ないため、外国人の割合はもっと多く、たとえばアラブ首長国連邦（ＵＡＥ）の場合は九割を占める。アラブ産油国のなかでは、サウジアラビアは自国民の人口と割合が多いのが特徴なのだ。

それにもかかわらず、サウジ人との接点は限定的だ。まず、赴任中サウジ人女性との接点がほとんどなかった。外出先で彼女らはアバヤを着て、顔にもニカーブをつけて目しか出していなかったりするから、近づきがたい。店舗はおろか公共機関の窓口で働くこともないから、会話をする機会がなかった。サウジ人男性から家に呼ばれたことはあったが、習慣から、妻女を紹介されることはなかった。

サウジ人男性とは、主に仕事を通じて接点があった。まず、官庁の要職や政府系企業の幹部にいるサウジ人は至って優秀。留学経験もあるから英語も達者で、なかには流暢に日本語を話す人もいる。要点の把握が早く、しかも朝から夜まで勤勉に励む人もいて感心するが、こういうエリートたちは例外的だ。中堅以下の立場の人は頭が堅く仕事が遅かったりする。役所はたいてい、アラビア語でしか対応してくれなかったが、政府系企業の場合はサウジ人マネージャーを補佐する外国人のスタッフがいて、彼らが実務の多くを処理しているから話が早い。本国でも優秀な働き手になれただろう彼らは、この国に来て高給をもらい、何十年も勤めてエキスパートになっている。

官庁や政府系企業の待遇はよく、サウジ人にとって働きやすい職場なのだろうが、民間企業の場合は違ってくるようだ。サウジ人がオーナーの民間企業の場合、オーナー側にはサウジ人が入っているが、経営のほうは先述のように優秀なアラブ系外国人が番頭として雇われていて、彼が一切の実務を取り仕切り、大勢の外国人労働者を使役しているというイメージだ。民間企業は一般に、経済合理性を追及せざるをえず、雇員の実務能力と給与レベル、忠誠度などを厳しく査定することになる。サウジに働きにくる外国人はそこそこ優秀であり、彼らと対等に働かされ考課されることは、サウジ人のプライドが許さないのだろう。ましてやオーナーが外国企業で、外国人のボスの下で働くとなると、余計に抵抗があるのだろうと思った。

天然資源からの収入が国家経済の中心でその恩恵に国民が浴している国をレンティア国家と呼んだりするが、サウジアラビアはその典型であり、レンティア国家の特徴として、国民の勤労意欲が低い。待遇がよくて仕事は楽、というような職でないと、働くことを嫌う。西洋の植民地にされたり他民族に占領支配されたりしなかったという稀有な歴史（後述）のせいか、外国人を見下しがちで、外国人に仕えるという意識は薄いように思う。それに関連して他言語を学ぶ必要もなかったからか、学校で教えておらず、英語が通じない。街中で一般サウジ人男性が働く姿を見ないのは、サービス業や小売など接客業に従事するのが苦手だからだろう。ホテルのレセプションでサウジ人が働いているといって話題になったくらいだ。

ところがサウダイゼーションと呼ばれる、サウジ人雇用義務の国家政策が取られ、企業は一定率のサウジ人雇用を果たさないと外国人雇員の滞在許可の数が制限されるなど、制裁も課されるに至っている。企業にとってサウジ人の雇用は大きな課題であり、私の職場には複数人のサウジ人が雇用されていて、日本人とも他の外国人労働者とも特に軋轢なく勤めていたが、中には働く意欲の低いサウジ人の若者を高給を払って雇わなければならない事態も起きている。

この年のラマダン（断食月）は前年より少し早く一一月初めに始まり、断食明けのお祭りは欧米のクリスマス休暇と時期が重なったから、リヤドはすっかり休暇モードに入ってしまい、一二月はすべての動きが緩慢になった。

第二章

現生人類が暮らしたアラビア

元祖アラブ人

アラビア半島とその周辺の地図を見て、人類の祖先はアフリカからアラビアに移動したに違いないと想像した私は、その後も彼らの歴史や暮らしに興味を持ち続けていた。

現生人類（ホモ・サピエンス）はおよそ三〇万年前から二〇万年前にアフリカのどこかで誕生したとされる。長い氷河期の間に極端な気候変動が続いていたことが、東アフリカのマラウィ湖の湖底堆積物の分析などから判明している。現生人類は二〇万年前頃から、そんなアフリカを出始めた。

海洋酸素同位体ステージの分析によれば、その頃アラビア半島は砂漠化しておらず、一三万年から七万年前にこの一帯はいくども湿潤化して、人類を含め多くの生物が分布していたそうだ。[*3] イスラエルのミスリヤ洞窟で見つかった最古の考古記録が一九万年から一八万年前のものであり、アラビア半島でもネフド砂漠（サウジアラビア北部）のアルウスタ遺跡などいくつかの場所で、一二万年から九万年前の骨が見つかっている。[*4] そんな早くにアフリカを出た彼らはしかし、七万四〇〇〇年ほど前に起きたインドネシアのトバ山の強大な火山噴火のため地球が寒冷化して、壊滅的な影響を受けた。[*5] それを生き延びた現生人類が、六万年前頃から本格的にアフリカを脱出したのだと言われている。

氷河期に海面水位が今よりかなり低かった点については、二万年前だと世界的に今より一三〇メートル低く、日本列島の場合は大陸と繋がっていて、瀬戸内海は陸地だったそうだ。[*6] アフリカとアラビア半島の間の紅海でも、海峡（バブ・エル・マンデブ海峡）は相当狭かったことだろう。

現生人類の出アフリカは何万年もの長期にわたって続き、ユーラシア大陸に波状的に拡散してゆく。彼らはユーラシア大陸だけに留まらず、アジアに広がった一群はさらに南下して、遠くオーストラリアには三万年前から四万年前に到達した。一万年前には、アメリカ大陸の最南端にまで分布域を広げた。[*7]

シリア・アラビア地域を見ると、旧石器時代（5万年前頃）、この地域には野生動物が豊富だった。死海堆積物の研究からも湿潤な気候だったと判明しており、[*8] 南ヨルダンの砂漠では、ガゼル、ヤギ、ヒツジ、牛などの骨やダチョウの卵殻が見つかっている。森林には鹿、イノシシもいた。

出アフリカを果たした現生人類は、アラビア半島やシリア地域を移住しながら狩猟採集生活を営み、多くは新天地を求めていろいろな方面に移住して広がっていったのだろうが、なかには定住、あるいは周辺地域を行ったり来たりの半定住をし始めた人たちもいただろうと私は想像し、彼らが現在のアラブ人につながる祖先ではないかと想像してみた。これを私は「元祖アラブ人」と呼んでみる。

ナツメヤシ

当時から水辺に群生していただろうナツメヤシは、乾燥に強く気候変動に耐え得たから、元祖アラブ人は重宝したに違いない。二〇メートル超に生長するが、幹は鱗状に凹凸が多くて登りやすいから、たわわに実った果実（デーツ）の採集は容易だ。果実は糖分と栄養に富むから主食になり、乾燥させれば長期保存もでき、簡易な携帯食にもなる。デーツは、元祖アラブ人から今に伝わるソウルフードの筆頭と考えてよかろう。また、実が食用になるだけでなく、幹は柱など建材に利用でき、五メートルにも及ぶ羽状葉で屋根をふいたり壁に立てたりすれば、簡易な家ができる。葉を撚ってロープを作ったり、籠を編むことも可能である。[*9]

果実を安定的に収穫しようとして、元祖アラブ人はナツメヤシを人為的に栽培し始めただろう。雌雄異体のナツメヤシは栽培に適している。実生つまり種子から発芽させて育成しなくとも、母木の根本から芽生える幼木を切り放して移植が可能だから、優良な母木から派生した雌株だけでナツメヤシの農園を作ることができる。受粉は人工的に、雄株の樹冠から出て来る花鞘を取って中から花序を取り出し、開花してすぐの雌花に挿入することにより可能だ。[*10] ナツメヤシの栽培によって、狩猟採集生活の様式に変化が起きて、半定住化も現れたのではなかろうか。

雨が降り、浅い湖や泉や緑の草地も多いアラビア半島だったが、一万三〇〇〇年ほど前の気候変動と干ばつにより、乾燥化が進んで森林が後退して砂漠が広がり、[*11]オアシスはあるものの、大勢の人口を養える環境ではなくなる。多くの元祖アラブ人は周縁のシリア地域やメソポタミアのほうへと北上しながら住処を広げた。

農耕の発達

現生人類は何万年もの長きにわたり、たくさんの種類の野生植物を採集してきたが、およそ一万年くらい前から、特定の種類の植物の栽培を始めた。果物や野菜と異なり、長期保存がきく食物であり、ユーラシア大陸の東方ではそれがタロイモ、ヤムイモなどの根菜や、陸稲や水稲などイネ科植物であったが、中東のこの地域ではナツメヤシに次いでムギだった。原産地が現在のイラクとされる大麦は、乾燥に強く、雨量が少ない土地でも栽培が可能だ。石臼など石器を使って挽き割りにして殻を取り除き、水煮して粥にしたことだろう。ほかにも、発芽させ麦芽にしてビールを作ることもできれば、石臼とすりこぎで砕いて製粉し、水で溶いて焼いてパンにすることもできる。大麦だけだと硬くて食べにくいが、グルテンを含む小麦を混ぜれば食べやすい。小麦の栽培が原種から始まったのはシリア地域北部の、ユーフラテス川の上流域だそうで、ここでは年間降水量が二〇〇ミリメートル以上あり、天水農耕が可能、つまり降雨だけに頼って小麦の栽培ができた。[*12]大麦小麦の粉を水で溶いてこねて延ばしてパン種（だね）を作り、熾火（おきび）の上に敷いてその上から熾きをかけると一〇分ほどでパンが焼き上がり、灰をはたけば食べられる。のちに竈や鉄板が開発されるはるか前からのパンの焼き方だが、今でも一部の遊牧民により続けられている。[*13]

私はリヤドに着いて一泊したホテルで翌朝、白っぽくて平たいパンを食べた。ピタと呼ばれる、アラビアのパンの一種で、イーストによる発酵が少ないからフワフワしていない。ピタのほかにも種類があって、ホブスと総称されるが、この手の無発酵パン、あるいはわずかにしか発酵させていないパンが、中東だけでなく、南西アジアや中央アジア、北アフリカからヨーロッパに至るまで、広く食べられている。リヤドのスーパーマーケットに行くと、袋詰めにされてたくさん売られている。原初のパンの名残りを残していると思われ、先述のデーツと同様、元祖アラブ人から今に伝わるソウル・フードだろうと私は想像している。

なお、ほかにも乾燥に強いヒエ、アワ、キビ（モロコシ）などがオアシスで栽培されていたようだが、原産地はこのあたりではなく、南西アジアやアフリカから持ち込まれたのだろう。

盛んに小麦を栽培したシリア地方では、食糧が増えるに伴い人口も増え、小国がいくつも打ち立てられたが、紀元前五〇〇〇年紀、そこに定住せず、ユーフラテス川を下ってメソポタミア北部（アッシリア）に移住した者たちがいる。彼らが元祖アラブ人の後裔アッカド人（84ページ参照）になったようだ。ちなみに紀元前五〇〇〇年紀とは、紀元前五〇〇〇〜四〇〇一年を指す。

メソポタミア地域でも、紀元前八〇〇〇年頃に東のザグロス山脈の山麓地で天水農耕が始まっていた。チグリス川とユーフラテス川の下流であるバビロニアのあたりは、両河川が押し流す泥土が堆積した沖積平野のため土壌が豊かだ。降水量が少なかったが、紀元前六〇〇〇年紀、灌漑設備が整い始め、大麦を主にする農耕が発達した。

牧畜の発達

ヤギ・ヒツジ

人と動物との関係は興味深い。オオカミが飼い慣らされてイヌになったと考えると、イヌが最も古い家畜だ。一万四〇〇〇年前には、イヌと人が一緒に葬られるようになっていた。[*14] イヌは愛玩のためだけでなく、氷河期の寒さに適応した大型哺乳類の狩りをするのに役立ったことだろう。その点ネコは、定住した農耕民が収穫した穀類にたかるげっ歯類（ネズミ）の対策に役立っていただろう。

アフリカにいた頃の現生人類は、まだ野生動物を家畜化して共生することがなかったそうだ。[*15] アフリカを脱出して新天地に来てから、彼らはおとなしくて人なつっこい性格の哺乳類の群れに出会った。そのなかでもヤギとヒツジは狩猟・捕獲しやすかったことだろう。紀元前九〇〇〇年紀には家畜化されていたと、遺跡から出土する骨の分析で推定されている。家畜化にともない、骨が変化しているのだ。[*16] 野生の牛も、チグリス・ユーフラテス川の上流沿いで、同じ頃に家畜化された。[*17] 牛は脱水症状を起こしやすいが、ヤギとヒツジは高温で乾燥した環境に強いから、[*18] 乾燥化が進むアラビアに適していた。

野生動物をいくら家畜化しても、殺して肉を食べたら毛と皮しか残らない。何十頭飼育しても食べたら尽きる。ところがこの地域で人類は、家畜から乳をしぼって加工するという新たな工夫を始めた。保存のきく乳製品は、食糧の安定的な確保に寄与する画期的な発明だった。乳加工の技術はこの地域が発祥とされ、ここから中央アジアやヨーロッパに広がっていった。ただ、全世界に普及したわけではない。日本には奈良時代に大陸から醍醐(だいご)や酥(そ)といった乳製品が紹介されたが、中国や朝鮮半島においてと同様、人々の生活には根付かなかった。南米ではアルパカやリャマが家畜化されたが、乳は利用されなかった。[19]

搾乳がいつ頃始まったか不明だが、搾乳方法は最初期から大きく変わっていないだろうと想像され、それは現代の遊牧民の暮らしから推測できる。[20]ヤギを例に取るならば、まず夜間、子ヤギが母ヤギの乳を飲み尽くしてしまわないよう、子ヤギを母ヤギから隔離しておき、朝になって引き合わせる。子ヤギが母ヤギの乳を吸い出してしばらくしてから子ヤギを引き離して搾乳するのだが、母ヤギが心配していやがるようなら子ヤギの首と母ヤギの前脚をひもで結わえて安心させる。そうして母ヤギの乳をある程度しぼったら、残りを子ヤギに吸わせる。授乳と搾乳が済んだら、母ヤギの群れは牧草地へ連れて行かれ、母ヤギが食事する間、子ヤギたちは暑熱にやられないよう日陰で保護される。夕方、母ヤギが食事から戻って来たら、朝と同様に授乳と搾乳が行われる。ヒツジも同様だ。

搾った生乳は腐敗しないよう、まず乳酸発酵させて酸乳すなわちヨーグルトにする。それには容器にフタをして、日陰で乳酸菌が自然増殖して乳糖が乳酸に変わるのを待つ方法もあるが、手元のヨーグルトを種として入れて発酵を促すほうが早い。このヨーグルトを布に入れて脱水し、チーズにする。プヨプヨのチーズに塩分を添加して天日乾燥すれば固形物ができあがり、長期保存も携行も可能になる。地域によってはもうひと手間かける。ヨーグルトをヒツジの皮袋に入れ、テントの梁（はり）からぶら下げて数時間ゆすることで、袋の中のヨーグルトをバターとバター・ミルクに分離させる。バターを煮詰めてバター・オイル（インドのギーに相当）を作るためで、これも長期保存できる。残ったバター・ミルクは加熱して凝固させ、天日乾燥によりチーズを作る。[*21]

ヤギもヒツジも季節に応じて繁殖する。[*22] 毎年八月頃から交尾し、一一月から五月の間に出産するのは、エサの草があって盛んに授乳できるようにという自然の摂理だ。搾乳はこれに合わせて行なわれるから、限られた季節にまとめて乳製品が作られることになる。

リヤドの大きなスーパーマーケットならどこでも、自家製みたいな乳製品を売るコーナーがある。私は礼拝時間にかち合ってスーパーマーケット内に閉じ込められてしまったときなど、ぶらぶら見て回って、しばしばここで立ち止まった。ラブネと呼ばれる粘度の高いヨーグルト（いわゆるギリシャヨーグルト）が入った角バットが、いくつも並んでいる。ヒツジ、ヤギ、ラクダの乳から作られたもので、どれも濃厚な味わいだ。次に白い豆腐のようなものが、水槽の中に入れられて何種類も並ぶ。いろんな乳から作られたチーズだ。どれも熟成させていない、生でシンプルな味わいだ。ローカル食を出す食堂では、この手のチーズを幾種類か、先述のピタなどと食べさせる。たとえばフェタはねっとりしてもろいが、ハロウミはやや固めで、いずれも塩辛い。これらの乳製品もたぶん、元祖アラブ人以来のソウル・フードだろうと私は思う。今でも多くの種類が売られていることに驚く。

念のために言うと、スーパーマーケットで大量に販売されている主流の乳製品は、牛乳とその加工製品である。ダノン（フランス）の合弁や現地資本の会社がこの国で生産しており、リヤドの南東八〇キロに広がるオアシスのハルジュには、数万頭の乳牛を飼育する世界最大規模の牧場がある。牛乳のほかに、ラバンという発酵乳（先述のバターミルクに相当）、ヨーグルト、チーズ、ラブネ、クリームなどがあり、売り場の面積は広い。元祖アラブ人以来の乳加工品食の歴史に裏付けられた旺盛な需要がうかがえる。言うまでもなく、カマンベールやブリューといった輸入品のチーズも、多種類が並べられている。

リヤドのスーパーマーケットの乳製品売り場

ところで、乳製品を作り始めた人びとは、家畜のメスをことさら大事にしたことだろう。というのも、乳製品を作るにはヤギなら母ヤギと子ヤギ、ヒツジなら母ヒツジと子ヒツジだけで足り、オスは要らないからだ。そのため子ヤギも子ヒツジもある程度成長したら、飼い主はオスとメスを選り分け、オスは種オスを除いて去勢してしまう。去勢されたオスはおとなしくなって飼育しやすいからだ。調べたことはないが、巧みに睾丸だけ除去する去勢の技術が、畜産が始まった昔から伝わっているだろうと想像する。去勢オスはある程度成長したら、食べるか売るかする。リヤドのスーパーマーケットでは当然ながら、ヤギやヒツジやラクダの肉も売られている。

ラクダ、ロバ

アラビアの砂漠というとすぐにラクダが連想される。生物学上ラクダの原産地はアラビアではなく北アメリカだそうで、祖先が何百万年前かにユーラシア大陸に渡って進化してラクダになったとされる。南米に下った子孫がリャマやアルパカなどになった。

ラクダが登場するのはかなりあとになってからだ。アラビア半島には、北から南まで至る所に岩絵が残されている（サウジ観光・考古庁によれば一万三九八七ある）。岩絵の専門家マジード・カーン博士によると、岩絵に描かれた家畜は、牛が約八五〇〇年前からであるに対して、ラクダは約三五〇〇年前にようやく現れ、そのあと牛が減ってラクダが増えてゆくという。博士は遺跡の骨から、ラクダは紀元前二五〇〇年頃に現れ、紀元前一五〇〇年頃に家畜化されたと推測、また、同時期にダチョウやアイベックスの岩絵も増えることから、急速な乾燥化といった気候変動により動物相の変化があったと推測する。[*23]

シリア・アラビア地域のラクダは、ヒトコブラクダである。牧畜民は肉を食べて毛皮を利用するほかに搾乳もした。秋から冬にかけて、雨のおかげで牧草や低木の緑が豊かになると、エサが増えてラクダは発情期を迎える。妊娠期間は一年と長く、そのため出産も同じ時期に重なる。出産後は一年以上乳を出し続けるから、生乳が年中飲めるため、季節性のあるヤギ・ヒツジと違って、あえて加工して保存する必要が少なかった。*24

ラクダの前にロバが家畜化されていたはずだが、時期ははっきりしない。ロバの野生種はアフリカノロバと言われており、カイロの郊外で発掘された骨は紀元前四〇〇〇年紀と判定され、北アフリカで飼い慣らされ始めたと推測されている。*25 食肉用のほか搾乳もされただろうが、ロバの乳はガゼインが少なく凝固しにくいそうだから、加工よりももっぱら飲用にされただろう。それよりも、ロバの特長は輸送にある。ロバは辛抱強く、六〇キロを超える荷物を積んで一日に三〇キロほどを、起伏のある荒れ地でも細い道でも足取り軽く歩行し、脱水症に強くて三日ごとに中継地で水をやればよいことから、長距離輸送に重宝された。エジプトからシリア・アラビアへ行き来する隊商は、ロバ用の糧食を積んだロバを含めて、数百頭から数千頭を連ねたという。

ロバは小柄で小回りもきくから、街なかの密集地でも重宝されたが、長距離輸送の主力はやがてラクダになる。水なしで数日の間、二〇〇キロの荷物を積んで一日に五〇キロの移動が可能だというから、ロバよりずっと効率がいい。鞍が開発されてラクダが輸送に利用されるようになったのは紀元前二〇〇〇年紀とされ、ヨルダンのアラバ渓谷で発掘された銅製錬所跡では、紀元前一〇〇〇年紀にラクダが運搬に利用されていたと確認されている。[*26] 鞍の開発により、ラクダは輸送だけでなく、長時間の人の騎乗にも用いられるようになり、人は何百キロもの移動が可能になった。

ヤギやヒツジのように毎日水とエサを欠かせない家畜を飼育するなら井戸と牧草地近くの定住地から離れるには限度があるが、ラクダは水がいらないだけでなく、食べる植物も違う。[*27] ヤギやヒツジが食べる柔らかい牧草だけでなく、灌木類、多肉植物、有棘植物のタマリクス、アカシアなど、硬い葉や棘状の植物を好み、反芻して消化する。こうした特長があるラクダのおかげで、砂漠を縦横に移動する遊牧の暮らしが可能になった。

馬

馬が家畜化されたのは、紀元前五〇〇〇年紀の中央アジアだとされる。[*28] その頃の遺跡から、一緒に埋葬されている人と馬が発掘された。肉と乳が食用にされたほか、馬乳はガゼインが少なく凝固しにくいが、馬乳酒に加工された。

草原を駆け回る野生の馬の群れを家畜化するには、人が馬に乗る必要があったろう。そこで、騎乗して裸馬を制御するため、手綱とハミが開発された。ハミを噛ませた痕のついた歯が、カザフスタンのボダイ遺跡で出ており、[*29] 紀元前三五〇〇年頃とされている。騎馬遊牧民の発祥だろうか。先述のアラビア半島の岩絵には、馬に乗ってラクダを追う構図もあり、ラクダの牧畜に馬が利用されていたとわかる。

人間は定住して集住するようになると、集団同士の利害対立から軋轢が生じて衝突が起き、それが本格的な戦争に発展していったのだろうと言われる。古くから人類は狩猟のため投擲具を使用していたが、一万二〇〇〇年前頃から弓矢を使い出し、石の矢尻が刺さった人骨が発掘されるようになった。[*30] 戦争のため、馬の軍事利用が競って行われる。当初は四頭ないし二頭の馬が引く戦車が用いられ、紀元前二〇〇〇年紀には製鉄技術を持つヒッタイトが、戦車でアナトリアからメソポタミアへ押し寄せた。アッシリアは車軸とスポークのついた車輪を開発し、戦車の軽量化と高速化を実現した。やがて馬の改良が進み、鞍と鐙をつけ、武装した兵士を乗せて戦場を走り回れるほどに大型化し頑丈になる。紀元前四世紀、黒海沿岸のスキタイは騎馬した弓兵を主力とした。戦場では騎馬兵が戦車に代わって主流になり、戦車は儀礼的な使用だけになってゆく。[*31]

アラビア半島で騎兵が本格化するのは一世紀後半から、ローマ帝国の影響によるらしい。[*32] それまでの戦闘は、主にラクダに乗って長槍や長剣を振るうスタイルだったが、馬の持つスピードや機動力を重視するようになったのだ。ただ、馬はラクダと違って水と食糧を大量に必要とするから、それらを積んだラクダを従えて戦争に赴かなければならず、馬は戦闘用、ラクダは運搬用、と用途分けがなされた。

豚

豚についても触れておきたい。豚の特長は多産にあり、ヤギ・ヒツジ・ラクダが年に一回、一頭かせいぜい二頭しか産まないのに対して、豚は一回に五～六頭を、季節に関係なく産む。だから、食肉用の家畜としては効率がいい。母豚の乳は搾って加工するよりも、子豚に飲ませて成長を促すほうを優先したことだろう。豚肉はよく食べられたらしく、遺跡から骨が多数出土する。[*33]ただ、豚は穀物食・雑食なために、人間の食糧とバッティングする。ヤギ・ヒツジ・ラクダのように、人間が食べた穀類の殻や藁をエサにしたり、牧草地で草や葉っぱだけ与えればいいというわけにはいかず、どこでも飼育できるわけではない。粘土板に残された記録によればメソポタミアで食べられていて、その後この一帯を制覇したギリシャやローマの支配民も食べていたが、ユダヤ教は禁じ、のちにイスラム教も禁じたため、現在はこの近辺で豚は見られず、残されている資料も少ない。

その他の食材

ピクルス（酢漬け）

もうひとつ、保存が利く食べ物として元祖アラブ人たちが開発したであろうものとして、また、今に伝わるソウルフードとして、ピクルス（酢漬け）を挙げておきたい。シリア・アラビア地域にはいろんな野菜が生食用としても調理用にも売られているが、酢漬けも種類が豊富だ。リヤドのスーパーマーケットでピクルスのコーナーを見るのは楽しい。オリーブだけでも三〇種類、ほかにもウリ、カブ、タマネギ、青トウガラシ、小さいキュウリ、パプリカ、肉詰めナス、レモンなどがあり、さらにチーズを加えた盛り合わせが何種類も売られている。中東のほかの街でも、古くからあるスーク（市場）に行けば、いろんな種類のピクルスを樽に漬け込んだり瓶詰めにしたりして売る専門店を見かける。私はリヤドの韓国食材店の近くの総菜屋で、豆とピクルスの盛合せサラダをよく買った。酸っぱくてまずい自家製のワインにかろうじて合ったからだ。

野菜の栽培を始めた元祖アラブ人は、収穫した野菜がすぐに傷んでしまうから、まずは塩水に漬けて漬け物にしたことだろう。だが、気温が高いから、塩発酵させただけでは微生物の繁殖を抑えられず、すぐ傷んでしまう。そこで、酸性度の強い酢を加え、細菌やカビなどの働きを抑えるのだ。酢と塩水を混ぜ合わせて調味液の濃度を調整し、弱酸性で乳酸菌を増やすこともし、強酸で発酵を止めて密封して長期保存することもした[*34]。

約四〇〇〇年前の粘土板に刻まれている古代メソポタミアの料理法[*35]によると、酢は大麦やブドウから作られ、野菜以外にもいろんな酢漬けが作られていた。その中には、イナゴの酢漬けも入っていた。

イナゴ

古代メソポタミアの料理法によると、トノサマバッタやイナゴが発生する季節に、捕獲して生きたまま陶器の壺に入れて脱糞させ、そのあと塩水に漬けて溺死させ、酢漬けにしていた。そのまま軽食にしたり、魚の漬け物とともにソースにして、料理の味付けに利用していたという。[*36]

その後に現れたユダヤ教は食事制限が厳しく、豚肉だけでなくラクダやウサギやほとんどの昆虫を食べることを禁じているが、イナゴは禁じなかった（旧約聖書の「申命記」一四章、レビ記一一章二〇節）。イエスに洗礼を授けた洗礼者ヨハネは、ヨルダン川河畔の荒野でラクダの皮衣を着て腰に皮の帯をしめ、イナゴと野蜜を食べていた（新約聖書の「マタイの福音書」三章四節）。ここでいうイナゴとは、イナゴの酢漬けではなかったか。野蜜はデーツのことで、ぐずぐずにジャム状にしてあったかも知れない。ちなみにデーツの成るナツメヤシは、棕櫚（シュロ）として聖書に出て来る。酢漬けイナゴもデーツも常備の保存食として、固いパン（ホブス）と一緒に食べていたことだろう。

さらに時代が下ってから現れたイスラム教もイナゴ食を禁じておらず、預言者ムハンマドがイナゴを食べていたハディース（伝承）がある。[*37] スイスの旅行家ヨハン・ブルクハルトは一八一〇年代、メッカの小市場の店でイナゴが計り売りされているのを見ている。[*38] イギリス人の旅行家ブラント夫妻は、アラビア半島北部のネフド砂漠を旅行中（一八七九年二月頃）、ゆでたイナゴに塩をつけてよく食べたそうだが、一帯ではイナゴが常食され、貴重な食料だったと記録している。[*39]

知人のサウジ人によると、今でもカシーム地方（リヤドの北西四〇〇キロのあたり）では若い人も含めイナゴを食べるそうで、三月頃に砂漠の草地で大量に発生した生のイナゴが、何百匹も袋詰めされて売られていて、焼いたりスープに入れたりするらしい。地域だけでなく部族によっても、食べたり食べなかったりするのだと彼は教えてくれた。

日本でも古くから、長野、群馬、山形、福島、宮城などの山間部では食べられていた。旬の食材だから、長期保存のために佃煮にしたのだろうが、ほかの食べ方もあったのかも知れない。

イラク戦争

二〇〇三年に入ると、イラクへの攻撃は時間の問題だと思えるほどの緊張を、衛星放送のニュースが伝えた。アメリカは国連で演説して、大量破壊兵器を保持しているイラクへの攻撃が必要だと説いたが、支持は得られなかった。しかし、単独でも戦争を始めるのではないかと懸念されていた。

リヤドでは先述の通りガスマスクが売られていたが、私の勤務先ではガスマスクは買わず、大型のクロスカントリー車を一台購入することにした。スカッドミサイルの巡行距離がどのくらいかわからないが、いざとなったら南へ、できたら一〇〇〇キロ先のジェッダまで退避しようというのだ。幹線道路が渋滞した場合には砂漠やオフロードを走れるよう、車はヘビーデューティーでなければならない。燃料タンクが二つあれば、必要な走行距離は満たせるだろう。荷台を座席に組み替えれば、数人が同乗もできる。ちょうど私の乗っているセダンが買い替え時期だったので、私が車を購入する担当に任命された。

大型車を買うに至ったのは、リヤドで懇意にしていた高橋俊二さんの経験談に基づいてだった。高橋さんはサウジアラビアと日本が共同して行なう沙漠緑化事業のために一九九六年からリヤドに駐在していた。それ以前に、アラビア石油という日本企業がアラビア湾沖合に持っていた石油操業設備のため、過去に二回、合計一二年間、サウジアラビアとクウェートの中立地帯にあるカフジ市に駐在した経験をお持ちで、そのとき一九九一年の湾岸戦争が起きた。クウェートに侵攻したイラク陸軍は一月十七日、カフジを砲撃したため、高橋さんはサウジアラビア東部州のダンマンへ避難したが、イラク軍がダンマンをスカッドミサイルで攻撃してきたため、車でリヤドへ退避、ところがリヤドもミサイル攻撃されたため、さらに車でジェッダまで逃げたという。カフジからジェッダまで二〇〇〇キロを自分で運転したが、メッカ街道と彼が呼ぶ、リヤドからメッカの直前のターイフまでを結ぶ道路は、当時まだ片側二車線も完成していなかったそうだ。私は何度となく高橋さんのお宅を訪れて夕食をご馳走になりながら、地質学や油田の開発についてのほか、アラビア半島を車で走破された話をうかがった。高橋さんはその後ホームページを立ち上げ、著書も出版された。*40

ついに二〇〇三年三月、アメリカはイギリスとともにイラク攻撃を始めた。サウジアラビア政府はこれに最後まで反対したため、アメリカ軍はカタールの基地を利用するしかなかった。

開戦前に私は大型車の購入手続きを済ませたのだが、港が混雑して輸入通関に時間がかかったらしく、五月初めにようやく納車されたが、もう戦争は終結しており、スカッドミサイルの恐怖はなくなっていた。

まあ何も起こらなくてよかったなどと能天気なことを言いながら、私はその大型車を通勤に使って、高い座席の位置から街の景色が少し違って見えるのを楽しんだ。イラクは当分ごたごたするだろうが、ここリヤドに影響はなく、私の駐在期間は予定の半分を過ぎ、このあと平穏無事に過ごせればいい。

そんな期待を抱くことができたのは、わずかな間だけだった。

アルハムラ・コンパウンド爆破事件

アメリカのブッシュ大統領が戦闘終了を宣言してからまだ一〇日ほどしかたたない五月一二日の夜一一時過ぎ、私たちが住むコンパウンドで大きな爆発音が聞こえた。たまたまその日、私はジェッダに出張していて不在だったが、同僚から電話を受け、何か異常事態が発生したことを知った。爆発音は尋常ではなく、爆風が吹き寄せる音すらしたという。私はホテルでインターネットにつないだが、何もヒットしない。日本大使館の書記官はアルハムラ・コンパウンドが襲撃されたと教えてくれたが、詳しい情報は収集中とのことだった。アルハムラは、私たちが住むコルドバ・コンパウンドからせいぜい一キロ半しか離れておらず、日本人も多く住んでいる。規模も居住者数も施設の充実度においてもコルドバに勝るとも劣らず、ブリティッシュ・インターナショナル・スクールが併設されていたから、生徒を含む家族世帯が多く住んでいた。被害状況が心配だった。

サウジアラビアの報道機関は政府の許可なしにニュース速報を出すとは思えず、出したとしてもアラビア語ではわからない。そのため、私は衛星放送でBBCやCNNやアルジャジーラのニュースを見続けた。サウジ国内にいながら、海外の報道を待つとは変な話だが、仕方なかった。深夜のニュースでようやく、英米人が主に住むコンパウンド二つも含めた同時多発テロらしいと知った。

翌日リヤドに戻ってから集めた情報によると、まずアルハムラ・コンパウンドでは、夜一一時過ぎに乗用車とトラックに分乗した襲撃者が守衛を射殺して正門から押し入り、正面の広場に停車して住居棟に向けて銃を乱射し、手榴弾を投げつけたあと、2トン・トラックに積んだ爆弾を爆発させ、襲撃者も自爆した。この爆発音がコルドバ・コンパウンドでも聞こえたのだ。

ほかに襲撃されたうちのひとつは、ヴィネル社という名前の米国の防衛関連企業が設営するコンパウンドである。ヴィネル社はサウジアラビアの国家警備隊（国防軍とは別の軍事組織）のために、武器の運用・保守の訓練やロジスティクスに携わっていた。8人のアメリカ人と2人のフィリピン人が犠牲になった。もうひとつも欧米人が多く居住する、かなり大きなコンパウンドであり、オーナーのアラブ人実業家は親米・反イラクで有名だった。三人の犠牲者にはサウジ空軍の兵士も含まれていたから、軍との繋がりが推測された。

米国大使館は事前に不穏な動きを察知し、在留米国人に対して警戒を促していたが、このところ同様の情報が頻繁に発信されていたため、警戒が常態化してゆるんでいたところをやられたらしい。

三件の被害を合計すると、死者が二七人、負傷者が一六〇人以上に及んだ。負傷者の中には、アルハムラ・コンパウンドに住む三人の日本人が含まれていた。私はそのひとりから直接話を聞いた。彼は銃声を聞いて、カーテンの隙間から様子を見ようとしたところ、爆発により窓ガラスが割れて足を怪我したのだった。

数日後、特別に頼んで私はアルハムラ・コンパウンドの爆破現場を見学させてもらった。正門は残骸だけになってしまい、広場の地面には直径二〇メートルほどの大きな穴が穿たれていた。建物は広場に面した側の壁を失い、居室だった空間を無残にさらしていた。車両に積んだ何百キロもの爆弾が爆発するとどんなありさまになるかを、目のあたりにした。私は被害者を悼み冥福を祈ると同時に、これを実行した連中がどんな心理状態で、どうしてこんなことができたのか、不思議でならなかった。九・一一事件の時にも感じた疑問が頭を離れなくなった。

自爆した十二人のサウジ人がDNA検査により特定され、名前も公表された。個々人のデータや背景までは明らかにされなかったようだが、アルカーイダとの関係が確認された。アフガニスタンの拠点を失ったアルカーイダは、イラクが壊滅したあとにすぐさまこんな事件を起こして、健在であることを世界に見せつけたのだ。サウジアラビア政府はこれまで欧米が注意喚起と警戒を促すのに対して、自国内にテロリストなんかいないと主張し続けてきたのだが、この事件を機に認識を改めざるをえなくなった。アメリカ政府の強い非難にこたえて、サウジ政府は徹底して調査すると誓った。たしかにこのあと、事件の関係者が逮捕されたとか、アジトが暴かれ爆発物がみつかったとかいう記事が、よく新聞に載った。

事件後、私たちが住むコルドバ・コンパウンドの警備が強化された。正面ゲートの横に戦車が一台据え置かれ、そのまわりに土のうが積まれ、従来の警備員に加えて兵士も常駐した。これでテロリストの襲撃に備えようというわけだ。実効性があるかどうかはともかく、抑止力は期待できそうに思えた。ただ、戦車と土のうと兵士に守られて暮らす生活に抵抗を感じなくなるには、少し時間がかかった。

コンパウンドの中では、各ヴィラの窓に透明のフィルムが貼られた。爆発でガラスが割れて住人が負傷するのを防ごうという、何とも実用的な対策だった。もし襲撃事件が起きたら、窓辺に近づかずに家の中央にいるように、という助言も同時に聞かれた。それで安心できるのかというと、そんなもんじゃないと思ったが、それくらいしか対策がないのだろうと納得するしかなかった。

サウジアラビア政府は多くの容疑者を取り調べたようであり、また、アジトを急襲して銃や爆弾を押収するなど、取り締まりの実効をあげているようだった。しかしながら、それにもかかわらず、一一月八日、リヤド西部にあるアルムハヤというコンパウンドが襲撃され、一七人が死亡、一〇〇人以上が負傷した。死者の過半数がサウジ人で、ほかにも多くのアラブ人家族が負傷したため、標的は国籍に関係ないのだと、あらためて認識させされた。

第二章

ユダヤ教・キリスト教の発祥と興隆

コーランを読むには

私はアルハムラ事件をきっかけに、自分の考え方が変わったように思う。それまではサウジアラビアで暮らす以上イスラム教を尊重せざるを得ないが、自分には関係ないと割り切って距離を置いていた。そんなときにテロ事件なんかが起きると普通なら自己防衛本能が働き、外界との間にますます高い塀を築きそうなものだが、私にはどうしてこんなことが起きるのか、どうしてこんなことができるのか不思議でならず、もう少し理解に努めようという気になった。

それは、体調を崩したからでもあった。私はアルハムラの事件後、扁桃腺がはれて発熱し、メニエル病も発症して寝込んでしまった。海外で単身赴任中に病気になると、本人もつらいが会社も困る。いいタイミングで若くて元気な駐在員がひとり増員され、私は仕事を減らすことができ、いろいろ調べる時間の余裕ができた。

イスラム教の聖典コーランはアラビア語で書かれていて、翻訳は正典とは認められないのだが、私はアラビア語を読めず、語学から始める覚悟もなかった。ものごころついたときからコーランに親しんでいる人と違い、私のように四〇代半ばで初めてコーランを手にした者には、和訳であっても読み通すのは容易でなかった。コーランは預言者ムハンマドが二三年間にわたって授かった神の啓示がまとめられたものだが、構成は内容別に分類されておらず、前後の脈絡なく、あるときは静かに平和を説き、神の慈悲を教え、あるときは激情的に怒り、叱咤激励し、あるときは細かい規律を命じるというように、内容は一定ではない。ひとつの章のなかで話者や聞き手が入れ替わり、よく理解できないまま読み進めうちに一節が終わり、しばらくしてまた同じ趣旨が説かれる。私の頭はすぐに飽和状態になってしまい、目が活字を追っても内容が頭に入らなくなった。

新約聖書の福音書のように物語風に読めると思ったのが間違いで、コーランは戯曲なのだと思い直し、複数の語り手を想定してみたが、それでもなかなか進まない。投げ出しそうになったところで、コーランは後ろから読むと理解しやすいという話を伝え聞いた。[*41] 預言者ムハンマドが授かった神の啓示は、だいたい後ろから前に時系列的に並んでいるというのだ。「読め」で始まるコーランの第九六章が神の啓示の始まりだという。

いろいろ試してみたが、一気呵成に理解が進むというわけにはいかなかったのは、私に素養がないからだ。コーランの成立過程や預言者ムハンマドの時代と、その前後の歴史的な背景を追わないことには、しっくり理解するのは難しいと思った。

イスラム教をわかろうとするなら、ユダヤ教の成立から勉強しないといけないとは、先述したサウジアラビア在住二〇年の高橋さんのアドバイスだったと思う。急がば回れだ、というので、私は悠長で迂遠なことと思いながらも、せっかくここに駐在したのだからと勉強を始めた。そしてそれは、サウジ駐在を終えてからも長く続く、ライフワークのようなたしなみになった。

文明の始まりから

メソポタミア文明あたりから歴史の理解を始めた。

アラビア半島の北東、チグリス川とユーフラテス川が流れる地域がメソポタミアだが、北部の上流地域をアッシリアと呼び、南部の沖積平野をバビロニアと呼ぶ。バビロニアは土地は肥沃だが降水量が少なく、栽培できる植物は、乾燥に強い野生の麦やナツメヤシしかなかったところ、紀元前六〇〇〇年頃、灌漑農耕が始まり、大麦の安定的収穫が可能になった。[*42] 食料の供給が増すに連れて、人口が増えた。集住した人々は数万人規模になり、社会を構成し、城壁に囲まれた都市をいくつも作り、都市と都市の間には運河が造られて河川交通が発達した。

都市国家はそれぞれ守護神を持つようになり、神は絶大な力を持つ超越者として畏れ多い一方、人びとは神に慈悲を期待する、といった宗教心が広く見られるようになった。また、都市の盛衰に応じて各都市の守護神の間に序列ができた。[*43]

紀元前二三〇〇年頃、アッカド王国により都市国家群は統一された。アッカド人は元祖アラブ人の後裔であり、歴史上最初に登場するセム語族である。セム語とは（創世記第十章のノアの長子セムの名前から命名された）、アッカド人が使ったアッカド語やのちのアラム語、後述するヘブライ語、アラビア語など、この一帯の言語の総称である。子音の種類が多く、文法や語彙で共通点が見られる。

アッカド人が北から降りてくる前、バビロニアには楔形文字を発明したシュメール人が暮らしていたが、アッカド人と混淆し、シュメール語はアッカド語に統一されて使われなくなったが、楔形文字は利用され続けた。楔形文字が刻まれた膨大な量の粘土板が遺跡から発掘され研究され、当時の様子をうかがうことが可能になった。先述のイナゴの料理法もここに記載されていたものだ。

アッカド王国は一〇〇年くらいで倒れ、その後この一帯は分裂した状態が続くが、紀元前九世紀にアッシリア帝国が一帯を統一した。アッシリアは紀元前三〇〇〇年紀にメソポタミア北部に現れ、他王朝に服していたが、鉄器時代になって軍事力を増し、馬が引く戦車に加えて馬にまたがる騎兵隊も戦力化して、[*44]一大勢力を築いた。

メソポタミア地域ではこのように中央集権的な領土国家が興ったが、西のシリア地域では小国が並び立つ状態が続いた。天水農耕が可能なため、大規模な灌漑工事を組織的に実施する必要がなかったからだろうか。内陸部は小麦を主な農産品とし、陸上交通による交易で栄える一方、地中海沿岸部では果樹栽培が盛んで、海上交通を活かした交易が発達した。[*45]

アラビア半島では、砂漠が広がる中央部ではなく南西部の、現在のイエメンのあたりに人びとが集住し、高地で天水農業を行なうほか、山裾のオアシスでは雨期に堰堤で水を貯める灌漑農業も行われた。[*46] メソポタミアの影響を受けて文明が発達し、紀元前八世紀頃には王国が興った。王国の成立を可能にした最大の要因は、ラクダだった。ラクダを使った隊商が組まれ、この地域で産出された乳香や没薬（もつやく）などの香料を商品として運んだ。香料はエジプトやメソポタミアの祭祀儀式に欠かせないものになり、その交易は王国を繁栄させた。なお、住民は部族ごとにまとまって暮らす部族社会を成し、宗教も部族ごとに神を祀っていた。たとえばサバア王国ではいくつもの神殿で民族神アルマカフを祀る儀式が行われ、巡礼も行われていた。*47

ラクダの隊商は半島の紅海沿いに北上してシリア地域から地中海沿岸へ、あるいは東のアッシリア帝国へと向かった。幹線に沿ったオアシスには宿場町ができたが、メッカの名前は史料に出てこない。後述するが、メッカが商業と巡礼の町として歴史に現れるのは紀元後六世紀頃からだという。

ユダヤ教の発祥

シリア地域の一画に紀元前一〇〇〇年頃、イスラエル王国（ヘブライ王国とも呼ぶ）が現れる。場所は現在のイスラエルとヨルダンの一部のあたりだ。ダビデ、ソロモンといった王が治めるこの王国の民は、先祖に特殊な伝説を持っていた。旧約聖書中の「出エジプト記」によると、彼らイスラエルの民は紀元前一三世紀頃にエジプトで奴隷状態にあったところを、指導者モーセに率いられて脱出した。モーセはシナイ山で神ヤハウェから啓示を受け、十の戒律（十戒）を含む契約が神とイスラエルの民との間で結ばれた。人びとは荒野をさまよったあと、神ヤハウェに与えられた約束の地であるカナンに定住した。カナンの場所は現在のイスラエルと重なるイメージで、地中海東岸からヨルダン川と死海までの間の一帯である。定住するにあたり、先にこの地に住んでいた民族と平和的に共存し混淆したという説もあるが、神ヤハウェに率いられ命じられて、いくつもの民族を滅ぼす聖戦を行ったとされている（旧約聖書中の「ヨシュア記」六章、七章、八章、一〇章など）。

カナンに定住して彼らは農耕で暮らした。民族救済の神を崇拝し、神の恵み（御利益）を請い願い、農業神のバアルや豊穣の女神アスタルテなども併せて信仰する、多神教的な信仰になった。*48

王国はいくつもの部族から構成されていたこともあって、一〇〇年も経ないうちに、北のイスラエル王国と南のユダ王国に分裂した。その後、先述のアッシリアがメソポタミアから勢力を伸ばしてきて、北のイスラエル王国は滅ぼされてしまい、南のユダ王国は属国にされた（紀元前七二二年）。アッシリアはシリア全域ばかりかエジプトも征服して、一大帝国を作り上げた（紀元前六六三年）。

だが、アッシリアの栄華は長く続かなかった。新バビロニア王国という、メソポタミア南部の河口地方に起こりバビロンに首都を置いた国が、イラン高原に現れたイラン系民族のメディア王国と連合を組んで、アッシリアを滅ぼした（紀元前六一二年）。

南のユダ王国は、北のイスラエル王国が滅ぼされたあともアッシリアの属国として生き延びていたのだが、新バビロニア王国により滅ぼされた（紀元前五八六年）。エルサレムの住民は捕虜になり、数千人単位で三回にわたって連行された。彼らはバビロニア中部にあるニップル市周辺に収容され、労役に服したが、社会的宗教的問題についてはある程度の自治が許されていたので、ここで民族意識が高まった。[*49]「バビロン捕囚」と呼ばれるこの状態は約五〇年間、新バビロニア王国がアケメネス朝ペルシャにより滅ぼされる（前五三八年）まで続いた。捕囚民のなかには帰国令が出てからも故郷に戻らず、バビロンに居残った人びともいて、「ディアスポラ」と呼ばれるユダヤ人の離散はここに始まった。

一連の苦難、すなわち、北王国に続いて南王国も滅ぼされ、バビロンで捕囚の憂き目にあうというこの一連の苦難が、ユダヤ民族の民族宗教であるユダヤ教を形成したとされる。当時の預言者（第二イザヤ）は、イスラエルの神は世界を創造した唯一神であり、イスラエルを救済する神なのだと唱導した。[*50]しかし、どうして神は我々を救済してくれないのか、と彼らは考えた。神が恵みを与えず沈黙し続けるのは民が義務を怠ったから、他の神々を崇拝するなどして、昔モーセに下された契約に従わなかったからではないか。神とユダヤ人との間の契約は今も解消されずに継続しているのだから、少しでも契約違反（罪）を改めようではないか——。神を見限った人たちもいただろうが、このように考え辛抱して神との契約を守り続けようと決心した人たちがいて、彼らが一神教としてのユダヤ教を形作ったとされる。

ユダヤ教典の成立

新バビロニア王国を滅ぼしたアケメネス朝ペルシャとは、イラン高原でペルシャ人が興した王国である。メソポタミアやシリア地方だけでなく、エジプトまで併合（前五二五年）し、巨大な版図を築いた。アケメネス朝ペルシャではゾロアスター教が信仰されていた。ゾロアスター教の成立時期ははっきりせず、はるか紀元前一二世紀頃まで遡るとする説もある。ゾロアスター教の特徴は善神と悪神が争う二元論だと言われるが、その教義は紀元後九世紀からのもので、この頃はまだズルヴァーン神の一神教だったそうだ。[*51] ユダヤ教の預言者に影響を与えたのではないかとも言われている。

アケメネス朝ペルシャは征服した民族の文化や宗教に寛容だった。ユダヤ人に対してはユダヤ教の信仰を認め、ユダヤ教の正典を編纂して公式に提出するよう命じた。ユダヤ教の聖書の成文化がこうして紀元前五世紀頃に始まり、それは後一世紀までかかった。数々の口頭伝承が文書化され、複数の物語が一本化されて統一されたことだろう。

出来上がった正典は、律法（トーラーともモーセ五書とも呼ばれる正典）、預言書（ネビイーム）、諸書（ケトゥビーム）の三部構成から成り、合計三九の文書がヘブライ語で作成され、ほかに口伝の律法（ミシュナ）もあって、のちに成文化された（タルムード）。このヘブライ語（古代ヘブライ語）は紀元前四世紀にはすでに一般のユダヤ人には理解できず、アラム語に翻訳が必要だったそうだ。[*52]

こうしてまとめられた正典のうち、律法はキリスト教の聖書の前段に『旧約聖書』としてまとめられているので、私たちはそこで読むことができる。律法といっても法規や戒律の書物ではなく、神との関係を記したユダヤの民族史である。「創世記」「出エジプト記」「レビ記」「民数記」「申命記」の五つの書から成る。

天地創造、アダムとイブ、カインとアベル、ノアの洪水、バベルの塔といった物語が、最初に来る「創世記」の一章から一一月章までの原初史と呼ばれる部分で展開する。天地創造、ノアの洪水、バベルの塔については、メソポタミアの創世神話エヌマ・エリシュやギルガメシュ叙事詩の影響が指摘されている。[*53]ペルシャの命令で聖書が作られたからというより、メソポタミアには楔形文字があったおかげで早くに記録されただけで、この地域一帯に共通する伝説ではなかったかと私は想像する。

律法に書かれた神とユダヤ人の関係は、まず大前提として神はユダヤ人が現れるはるか前から全宇宙の創造神かつ全人類の普遍的な神であり、そんな神からユダヤ人は特別に選ばれたのだ、という二段構えの建て付けになっている。だから神は唯一であり、のちに現れるキリスト教もイスラム教も同じ神を想定している。ところで、世界の神話の多くは、インドのリグ・ヴェーダもギリシア神話も日本の古事記も、無あるいは混沌から生まれた世界に神があとから出現する。至高神が初めにいて、その神が世界を創造したのだという逆の設定は、中東地域に特徴的ではないかとされる。[*54]唯一神信仰に固有の構造なのだろうか。

こうしてバビロン捕囚などの数々の苦難を経たのちに、ユダヤ教は唯一神信仰として確立された。なお、唯一神信仰は単一神信仰とは異なる。多神すなわち複数の神ではなく単一の神を信仰するという単一神信仰であれば他の民族にも見られ、普段はA神だけを信奉するが、B神が信奉されるよその土地に行ったらB神を拝む、というようにゆるやかな信仰だったが、唯一神信仰は唯一神以外の神を認めないばかりか排斥するという、強烈な信仰である。排他的にひたすら唯一神を崇拝することと、その唯一神から選ばれたという選民意識が、ユダヤ教信仰の特徴だ。

ユダヤ教と割礼

「創世記」は天地創造からバベルの塔まで原初の歴史を紹介したあと、預言者アブラハムの物語に入る。アブラハムは一族を連れてメソポタミアのウルを出て（一一章三一節）、遍歴ののちにやってきたカナンの地を神ヤハウェから与えられる（十二章七節）。神ヤハウェはアブラハムに対して、契約の印しとして割礼を命じる（十七章）。アブラハムは部族と奴隷の男児全員に割礼を施し、また、腹違いの息子ふたり、一三歳のイシュマエルと生後八日目のイサクに割礼を施す（二一章四節）。

聖書を読んでいて、割礼がしばしば現れることを不思議に思うのは私だけだろうか。「出エジプト記」では、異邦人は割礼を受けていなければ祭礼に参加できないとされ（一二章四四節・四八節）、エジプトを脱出したイスラエルの民は約束の地に入る前、モーセの息子ヨシュアにより割礼を受ける（旧約聖書の「ヨシュア記」五章三節）。このような身体的な割礼だけではなく、心の割礼とか魂の割礼（旧約聖書の「申命記」十章十六節）、真の割礼（新約聖書の「ローマ人への手紙」二章など）といった比喩も現れる。ユダヤ教徒や初期のキリスト教徒にとって割礼がいかに大事なことだったかを、理解しないわけにいかないだろう。

割礼とは陰茎（男性の性器）の包皮を切除することをいうが、実際に行われるのは、陰茎の先端の包皮をわずかに切除して亀頭を露出させる医療処置である。なお、女性に対する割礼がアフリカの一部などにあるが、男子の割礼と違い虐待であり廃絶されるべきだと私は考えるので、本書では取り上げない。

割礼は中東やアフリカで古くから慣行として行われてきた。エジプト、チュニジア、アルジェリアなど北アフリカでは、思春期になってから割礼式という祭礼の儀式が行われてきたという。麻酔がない時代はさぞかし痛かっただろうし、麻酔があっても、覚めてからたいへんだったろうと想像する。今日のイスラエルでは、生後八日目に医師か割礼師により行われる。今日のサウジアラビアでは、男子が生まれると生後すぐまたは三から六カ月以内に病院や医療施設で普通に行われる。ハイハイし出す前に行うのだ。

なぜこのような慣行があるのか？　幼児死亡率が高くて平均寿命も短かった時代、結婚年齢は早く、思春期に達したばかりの頃に、よく知らない相手と結婚することも多かったのではないか。どんな状況でもすんなり性交できるようにして多産を願うというような、生活の知恵だったのではないか、と私は想像する。

不思議なことに、オーストラリアのアボリジニやオセアニアの島々でも割礼が見られるというから[*55]、ひょっとすると初期の現生人類にまで遡るのかも知れない。しかし世界全体で見たら、割礼しない民族のほうが多い。中国系、インド系、モンゴル含むウラル・アルタイ語系の諸民族、ラテン・アメリカのインディオ、北米とカナダの大部分の先住民、ヨーロッパとロシアの諸民族は行わない[*56]。いわゆる包茎に対する処置なら日本でも医療施設で行われるが、制度や習慣としての割礼は、中国大陸や朝鮮半島になかったから、日本にもない。ところがアメリカでは、今でこそ親のオプションらしいが、以前は衛生上の理由から出産時に普通に手術されていた。本人の意志に関係なく手術することに異論があるかも知れないが、息子の将来を思って割礼のオプションを選ぶ親心もわからないでもない。真偽不明だが、極度の包茎だったルイ一六世は、マリー・アントワネットと交わるのに何年も苦労したという。長じてから処置しなければならないのは、つらいことだろう。

割礼はエジプトから

ヘロドトスの「歴史」は紀元前五世紀に書かれた世界最古の歴史書だが、エジプト人とエチオピア人が昔から割礼を行っており、フェニキア人やパレスチナのシリア人はその風習をエジプト人から学んだ、と記述する（第二巻一〇四節）。「創世記」が編纂されたのもほぼ同じ頃だが、アブラハムの物語はもっと昔に時代設定されており、アブラハムは割礼していなかったため神ヤハウェに命じられて割礼を受けた（創世記一七章）。アブラハムはカルデヤのウルの出身で（創世記一一章三一節）、このウルがどこなのか、ユーフラテス川南にあった古代都市か北部のハラン近郊か二説あるようだが、いずれにせよ、古代のメソポタミアで割礼はされていなかったのだ。[*57]

アブラハムの物語はさておき、実際にはいつ、エジプトからユダヤ民族に割礼の習慣がもたらされたのだろうか。エジプトとユダヤといえば、先述の出エジプトの物語が思い当たる。アブラハムの孫のヤコブとその子らは飢饉のためにエジプトに移住し、そこで彼らの子孫は繁栄していたのだが、王（ファラオ）によって奴隷状態に陥れられてしまった。そんな彼らを預言者モーセが率いてエジプトから脱出させ、シナイ半島を経てカナンの地に至るのが「出エジプト記」である。現在でも出エジプトを記念して、ユダヤ民族は過ぎ越しの祭りを毎年祝う。エジプト脱出時にパンを発酵させる余裕がなかった故事にならい、種無しパンを食べる。

モーセはエジプト人だった、出エジプトとともに一神教をもたらした、と説くのは精神分析学の祖ジークムント・フロイトである。[*58] ユダヤ人であるフロイトは晩年、ナチス・ドイツが侵攻したオーストリアのウィーンからロンドンに避難するなか、この見解を著した。彼は考古学にも造詣が深かった。

紀元前一三六四年に即位したエジプト王のアメンヘテプ四世は、世界史上最初の一神教を創設したとされる。彼は太陽神アトンが創造神にして普遍的な神であり、他にいかなる神も存在しないとして、厳格で排他的な一神教による宗教改革を実施した。王宮をテーベからアマルナに移設し、自身の名前もアメンヘテプからイクナートンに改名した。ちなみに彼はツタンカーメンの父であり、美貌のネフェルティティの夫である。彼の治世は一七年しか続かず、この一神教は不人気で廃止され、王宮も破壊されてしまった。だが、モーセはこのアトン神を信仰していて、ユダヤの一神教創設に携わったのではないか、とフロイトは言う。

フロイトの説は出エジプトそのものと同様、証明されていない。だが、そもそも紀元前二〇〇〇年紀、エジプトとシリア地域の諸国は親密な関係にあり、ヒクソスなど北方の民族の圧迫を受けてシリア地域からエジプトへの移住者が多かった。エジプトは新王国時代（紀元前一五六七年〜一〇八五年）には、シリア地域を植民地化した。前述のイクナートン王の時代のアマルナ文書（楔形文字が刻まれた粘土板の外交書簡）から、シリア地域諸都市がエジプトに臣従していた関係がうかがえ、また、エルサレム王を悩ますハビル族という記述があり、これがヘブライ人（ユダヤ人）ではないかと推測されてもいる。[*59] ついては、シリア地域の人々はユダヤ人も含めて、長くエジプトの影響を受ける間に割礼に慣れ親しんでいったのではないかと想像できる。

では、エジプトでいったいいつから割礼が行われ始めたのか、起源はエジプトかエチオピアか、それとも別の場所か。エジプト人に尋ねると、「ファラオの時代から」という返事が返ってくる。そのあとに現れたユダヤ教やキリスト教やイスラム教といった宗教なんかとは全然関係なしに、男子はすべて割礼されてきたのだという。

カイロ博物館にある第六王朝（紀元前二三四五年〜二一八一年）のものとされる三体の彫像は、割礼を受けた少年たちをはっきり表しているそうだ。[*60] また、テーベにある神殿複合体メディネト・ハブ（紀元前一三五〇年頃、新王国時代）のラムセス三世葬祭殿の第二中庭左側のファラオの戦勝記念の浮き彫りに、また、カルナック神殿（紀元前一四〇〇〜一二〇〇年、中王国時代）では豊穣神ミンの男根に、割礼が見られるそうだ。[*61] 初めは神官階級の特権だったのが一般化したのではないかと推測されている。割礼の源流はこのあたりまでしかたどれないようだ。

キリスト教の誕生

先述のアケメネス朝ペルシャは、西はエジプトから北は黒海をめぐる小アジアまで征服し、広大な領土を築いたのだが、紀元前四世紀、マケドニアのアレキサンダー大王の東方遠征によって滅ぼされる。大王の死後、大王の家臣らギリシャ人が領域の分割統治にあたった。このギリシャ系王朝はシリア地域を統治するにあたり、宗教に干渉しなかったから、ユダヤ教の信仰は続いた。ユダヤ人はギリシャ人の政策に反発して、小国（ハスモン朝）を建てて自治を行ったりもしたが、長くは続かず、紀元前六三年、今度はローマ帝国に征服されてしまう（ローマ帝国は正式には紀元前二七年にアウグストゥス帝の即位をもって始まるが、帝政前の共和政時代から軍事的な拡大政策を進め、小アジアからシリア地域、エジプト、北アフリカなどを征服した）。

ローマ帝国の属州として支配されるようになってからも、ユダヤ教の信仰は認められた。ユダヤ教徒の主流派は、エルサレム神殿の祭司が中心になって神殿儀式を重視するサドカイ派と、祭司以外の知識人を中心に律法を重視するファリサイ派だった。紀元後二〇年代、北のガリラヤ地方の町ナザレから、イエス（ヘブライ語ではヨシュア）という人物が現れる。わずか三年ばかりの活動だったが、彼は神の支配（新約聖書中の「マルコによる福音書」第一章15節）や神の愛を説き、純粋な信仰心による救済を唱えた。多くのユダヤ人、特に貧民層や下層民は、ユダヤ教の預言書（旧約聖書の「イザヤ書」七章十四節ほか）が説くメシア（救世主）が現れた、メシア来臨によって神の国の実現が近いと信じた。数百年にわたって他民族に支配され抑圧されて、メシアを待望する気運が高まっていたのだ。しかし前述のユダヤ教主流派は、神殿の祭祀や律法の儀礼を否定するイエスを認めなかった。弟子や信者を連れてエルサレムに現れ歓呼をもって迎えられたイエスは、逮捕されてしまう。ユダヤ教の主流派は背教者として彼の死刑を求め、ローマ帝国総督も反逆者と見なした結果、彼は十字架刑に処された。

イエスの死後、弟子や信者が何百人もエルサレムやガリラヤに結集し、共同生活を始めた。集団は拡大したが、ユダヤ当局もローマ帝国軍も弾圧しなかった。彼らはユダヤ教を否定するわけでも、反逆するわけでもなかったからだ。

そんな集団のなかで、ペトロなどイエスの弟子たちはイエスの教えを伝える活動を行った。やがて信者が増え、指導者が共同体を運営する教会活動が生まれた。エルサレム教会の指導者ヤコブは、まだユダヤ教の律法を尊重していたから、ユダヤ教の一宗派だという認識だった。彼らはイエスと同じようにアラム語を話し、エルサレムやその近郊で活動するローカルな信徒集団だったが、彼らとは別に、ギリシャ語を話し、アナトリア（トルコ）やギリシャで伝道活動を行うグループが現れた。彼らはイエスをキリスト（ギリシャ語の救世主）と呼んだ。その筆頭に立つパウロはキリキアという、現在のトルコの中南部にあるローマ帝国の属州に生まれた（新約聖書中の「使徒行伝」第九章）。彼は先祖代々のユダヤ教徒であることに加えてヘブライ語もギリシャ語も達者な、エルサレムの高名な学者に学んだファリサイ派のエリートだった。彼はイエスを信奉する人びとを異端として迫害する側にいたのだが、死後に復活したイエスの声を聞いて回心する。キリスト教の伝道者へと変貌した彼は、ローマ市民権を持っていたからローマ帝国内を移動でき、ギリシャ語ができたから非ユダヤ人（ユダヤ人以外）に対しても布教ができた。

パウロの布教活動は、まずローマ帝国内に住むユダヤ人に対して始められた。バビロン捕囚以来、ユダヤ人の離散（ディアスポラ）は六〇〇年にわたり、エジプトのアレキサンドリアやメソポタミア南部には多くのユダヤ人が暮らしていた。この頃、ローマ帝国内に住むユダヤ人は四〇〇万から四五〇万人、全人口約六〇〇〇万人のおよそ七パーセントに及んでいたとされる。[62]意外に人数が多いのは、血縁上は非ユダヤ人だが改宗してユダヤ教徒になった人が多かったからだ。ユダヤ教はユダヤ人だけの民族宗教ではない。あまり知られていないが、当時のユダヤ教は布教に熱心であり、民族を問わず改宗を歓迎していた。[*63]非ユダヤ人男性の改宗者（プロゼリット）は律法に従うだけでなく、割礼を受けもした。[*64]離散（ディアスポラ）後も信仰を捨てなかったユダヤ人は、離散先でシナゴーグ（集会所）を設け、新たに入信した改宗者（プロゼリット）を加えて、正典の講読や礼拝など宗教活動を継続していた。パウロはこのシナゴーグで布教活動を行った。まだ新約聖書ができる前だから、非ユダヤ人に対する布教には、ユダヤ教のヘブライ語正典のギリシャ語訳を用いた。従って彼の説く教えは、ユダヤ教の一分派としか見られていなかった。[*65]

キリスト教と割礼

非ユダヤ人に対して布教するにあたり、割礼を必要とするかどうかが問題になった（新約聖書の「使徒行伝」第一五章）。一般的にローマ帝国の人々には割礼の習慣がなかったからだ。ギリシャ・ローマ時代の彫刻にはすべて男性器に包皮があるらしい。[*66]

キリスト教指導者がエルサレムに集まり、割礼の要否を議論した（西暦四八・四九年）。ファリサイ派の流れをくむ信徒たちは、神との契約のあかしである割礼が必要だと主張したが、異邦人に伝道を行うパウロは反対した。議論の末にペトロが決断し、キリストに対する信仰こそが大事なのであり、もうユダヤ教の律法なんかに従って割礼する必要はないと決まった（新約聖書中の「コリント人への手紙」七－一九、「コロサイ人への手紙」三－一一、「ローマ人への手紙」三～三〇）。割礼はユダヤ教典（旧約聖書）のなかで心の割礼、魂の割礼というふうに比喩や抽象化もされていたから、パウロも引き続き肉の割礼より心の割礼、真の割礼と偽の割礼といった表現を用いて布教を続けた。

ちなみにイエス・キリストはユダヤ人に生まれたから、割礼されていた（新約聖書中の「ルカの福音書」二－二一）。生後八日目に割礼されたから、一月一日をイエスの割礼祭と定めている教派もある。幼な子イエス・キリストの割礼をモチーフにした絵画が、ヨーロッパの美術館には多くある。

パウロは伝道活動中に投獄され、皇帝ネロの統治するローマで処刑されたのではないかと言われる。二世紀にまとめられた新約聖書は、イエスの生涯を叙述する「マタイ」、「マルコ」、「ルカ」、「ヨハネ」の四種類の福音書と、使徒や教会について叙述する「使徒行伝」のあと、パウロの書簡が十三通続く。作成時期としてはパウロの書簡が最も古いと思われる。書簡の内容は難解であり、人類がアダム以来持つ原罪が十字架刑で死んだイエスにより贖われたという彼の理論は特に難しいが、布教に努める彼の熱意が文章にみなぎっている。キリスト教を世界宗教に押し上げたのは彼の功績が大きいとされるが、割礼を不要としたのもきっと寄与したことだろう。

ユダヤ教とキリスト教の分裂

一世紀半ば、ローマ帝国の属州支配に不満をつのらせたユダヤ人が、エルサレムとその周辺で反乱を起こしたが、戦闘の末に鎮圧された。反乱は二世紀に入って再発した。原因はローマ皇帝がユダヤ人に割礼を禁じたためとも、ローマのカピトリヌス丘にあるジュピター神の神殿をエルサレムに建てようとしたためともいわれる。[*67] 怒ったユダヤ人は武装蜂起したが、再び鎮圧された（一三五年）。ローマ帝国はユダヤ色を一掃しようとして、イスラエルという呼び名を廃止してパレスチナに改めた。ユダヤ人と敵対したペリシテ人に由来する名称である。エルサレムという地名は植民市アエリア・カピトリナに改称され、ジュピター神の聖所が建立された。エルサレムから追放されたユダヤ人たちは、各地に離散（ディアスポラ）した。紀元前六世紀のバビロン捕囚以来、事あるごとに起きた離散だったが、これで決定的になった。

ユダヤ教徒はこの頃までに、イエスをメシア（救世主）と認めるかどうかで二分していた。イエスをメシアと認めず、メシアの来臨はまだ先だと考えるユダヤ教徒たちは、祭祀のためのエルサレム神殿を失ったため、律法を固く守り続けることだけが信仰のあかしになった。ラビと呼ばれる教師が各地の集会所（シナゴーグ）にいて、ヘブライ語で書かれた巻き物の正典を読んで教徒に教える、という信仰の体制が構築されてゆく。[*68] ユダヤ教は律法重視の保守化傾向を強めたため、律法を否定するキリスト教との分裂が明確になった。[*69] キリスト教徒はシナゴーグを借りての礼拝をやめ、教会の設立へと向かう。信者はまだ数万人規模だったが、非ユダヤ人の改宗者が増えてゆく。新約聖書の執筆が徐々に始まり、ギリシャ語でまとめられ、やがてラテン語に翻訳もされた（四世紀末）。

キリスト教の興隆

当時のローマ帝国には多数の宗教が混在し、エジプト系のイシス、小アジア系のキュベレ、イラン系のミトラ、ギリシャ系のディオニュソスなど、それぞれの神が信仰されていた。これらの宗教は、多神教であろうと単一神教であろうと、他宗派の神々を崇拝することを妨げたりしなかった。これに対して、ユダヤ教とキリスト教は排他的な一神教、つまり、ほかの神を崇拝することはあり得ない。どうしてそんなキリスト教がローマ帝国のなかで勢いを得て広まったのか、よくわかっていない。三世紀のローマ帝国は蛮族の侵入、疫病の流行、帝位不安定、交易と経済の衰退など、様々な危機に見舞われ、社会不安が増すに連れて、人々は諸々の神に対する信心を失い、統一力のある唯一神崇拝への信頼を増大させたとされる。[*70]

キリスト教会はローマ皇帝の権威を認めず、迫害され弾圧されることもあったが（三世紀から四世紀初め)、ローマ皇帝の権威を認める政教分離へと改まった。四世紀にローマ帝国の宗教政策が大きく転換した。帝国支配の安定を回復したいと考えた皇帝は、キリスト教を公認して迫害をやめ(三一三年)、さらに帝国の国教とし(三八〇年)、キリスト教以外の宗教を禁止するに至った(三九二年)。

多数派に転じたキリスト教は、少数派となった他の宗教を排斥する一方、布教伝道を進める過程で土着化のために変容する。クリスマスなど、近隣の民族から象徴的な儀礼を採り入れ、母性神マリアを作り出し、多神教の神々を従属的な地位につかせることもした。迷信、魔術、神秘的な要素が浸透するのを容認した。[*71] それとは別に、帝国の国教となったからには、教会ごとに分かれていた教理を統一しなければならなくなった。特に、イエスが神であるか人であるかという、イエスの神性と人性についての論争は、教会の間の権力争いも加わって激化してゆく。

イスラム教誕生前夜

キリスト教が国教とされて間もなく、ローマ帝国は東西に分裂した(三九五年)。西ローマ帝国はゲルマン人やフン人の侵入に苦しめられ、ローマが陥落し(四一〇年)、帝国は滅亡に至る(四九三年)。ローマ教会は政治的後ろ盾を失ってしまうが存続し、ゲルマン民族に布教するなど、宗教活動を続けた。一方、東ローマ帝国(ビザンチン帝国)は首都コンスタンティノープル(現在のイスタンブール）を中心に国力を貯え、地中海沿岸に帝国領土の回復と拡大を図り、一帯における勢威を高めた。こちらは政教分離ではなく、キリスト教会のコンスタンティノープル総主教は東ローマ皇帝と協力し合う体制を続けた。

イスラム教が誕生するまで、まだ百年以上ある。誕生前夜当時のアラビア半島とその周辺がどのような状況だったかを概観してみたい。

メソポタミアでは、アケメネス朝ペルシャがアレキサンダー大王の東征軍により紀元前四世紀に滅ぼされたあと、ギリシャ系のセレウコス朝が支配したが長続きせず、遊牧イラン人系のパルティア王国に取って代わられ、三世紀には農耕イラン人系のササン朝ペルシャに代わっていた。ササン朝ペルシャはメソポタミアの平原とイランの高原において、灌漑と入植を進めて農業生産力を高め、運河を築いて物流を盛んにし、中央アジアに版図を拡大した。以前のアケメネス朝にならい、ゾロアスター教を信奉し国教とした。五世紀になってようやくその教義が文書化されたのは、東進するキリスト教の布教伝道の勢いに対抗してだったと推測されている。[*72]

勢力図としては、ユーフラテス河をはさんで西側はキリスト教の東ローマ帝国（ビザンチン帝国）、東側はゾロアスター教のササン朝ペルシャが向かい合い、両国間は衝突を繰り返し、六世紀後半から戦争が本格化する。戦禍のせいで三〇年もの間、シルクロードとユーフラテス河の流通路が使えず、アラビア半島の南を迂回する東西交易ルートが注目されるようになったとされる。[*73]

シリア地域ではローマ帝国の支配の下、エルサレム、ダマスカス、アンティオキア(トルコ南東部)に最初のキリスト教教会が置かれ、やがてキリスト教が国教化されたのちは、それまで共存していた民族神の信仰や多神教が排除された。その一方で、キリスト教内では先述の通り混乱が生じていた。宗教会議がしきりに開かれ、イエス・キリストの神性・人性の議論に内部抗争も加わり、非主流派や異端といった宗派の分裂が起こった。

東ローマ帝国もササン朝ペルシャも、アラビア半島の支配には熱心でなかった。点在するオアシス以外は砂漠が広がり、凶暴な遊牧民が跋扈(ばっこ)するだけで、魅力ある土地ではなかったのだ。当時の史料としては三四〇年頃、半島の南にあったヒムヤル王国に東ローマ皇帝が使節を送った記録があり、ヒムヤル王国は多神教を信奉し、割礼の習慣があり、ユダヤ教も普及していたという。[*74] 割礼はユダヤ教徒でなくとも受けていたと推定できる。その後、南アラビアではユダヤ教が優勢になり、キリスト教徒が迫害される事態に陥った。これ対してエチオピアのキリスト教国であるアクスム王国が派兵し、ヒムヤル王国を支配した(五二五年)。そんな南アラビアに、ササン朝ペルシャが食指を伸ばし、六世紀末には支配下に組み入れた。

南アラビアだけでなく半島のほかの地域でも、エルサレムを追われたユダヤ人の後裔やユダヤ教に改宗したアラブ人が、主にオアシスに暮らして存在感を増していた。キリスト教の布教活動によりキリスト教に改宗する部族も現れた。その一方、部族神や自然の木石を崇拝する原始的な信仰も根強く並存していた。

第四章

イスラム教の誕生と勃興

六世紀のメッカ

イスラム教の開祖である預言者ムハンマドの生誕は、西暦五七〇年頃と言われる。彼が生まれたメッカという街は、紅海の沿岸から八〇キロほど内陸に入った渓谷にある。年間降水量は現在でも二〇〇ミリに満たず、当時も乾燥地だった。井戸水はあっても岩だらけであり、牧畜はできても農業に適した土地柄ではなかった。[*75]

古い本ではメッカは、紅海の海岸線にほぼ平行した南北の交易路と半島内部から紅海に通じる交通路が交差する要衝だとされたが、最近の発見や研究により改められた。メッカは海岸沿いの交通路から山側に入っており、また、山脈の東の高地にある幹線からも外れていた。それでも小規模ながら皮革製品や食糧を扱う隊商が組まれることはあったが、宿場町というわけでもなかった。[*76]

クライシュ族と呼ばれる、メッカの東方にいた遊牧民が五世紀末にメッカに定住し、その子孫と称する人々が多く暮らしていた。その中のハシムと呼ばれる氏族にムハンマドは属していた。このクライシュ族と呼ばれる部族やその下の有力氏族がメッカの運営を取り仕切っていたという定説は、根拠なしと否定されている。[*77]住民はそれぞれの家系ごとに仲間意識や対抗意識を持ってはいたが、行動原理は個人の判断と責任だったという。[*78]

アラビアの部族民の場合、原始的な平等主義が精神構造の基本にあり、部族長に対する忠義があっても絶対ではなかったそうだ。[*79] このことは、今日のアラブ人の精神構造の原形と考えておかしくないように私は思う。総じて彼らは個人主義的で、共通の信仰による連帯意識は強いが、集団で統率されるのを好む傾向は見られない。モスクにおける集団礼拝の写真を見ると、一糸乱れずに行動するような印象を受けるが、お祈りする時間と方向が同じというだけだ。うがった見方をすれば、神には絶対服従するが、神のほかは信じないと礼拝のたびに確認しているのだ。そう考えると、イスラム教が誕生する前ならなおのことバラバラだっただろう。思うに砂漠で暮らす遊牧民なら孤立して生きるのは難しかろうから、集団の命令と規律に従っただろうが、町や村に集住して暮らすなら、その必要性は少なかったのではないか。戦時なら敵に対抗するため組織化される必要があったが、メッカは東ローマ帝国やササン朝ペルシャと戦争関係にはなかった。

メッカの人口は六世紀に数百人規模の集落から数千人規模の街へと急速に増加したそうだ。[*80] それがどうしてかは、よくわかっていないようだ。大帝国に支配されない自由都市だったという点は、近隣の街と変わるまいから、それだけが理由ではなかろう。

隊商交易はすでに衰退していた。先述の通り南アラビアはササン朝ペルシャに征服され、紅海における海上貿易が発達したからだ。加えて、ローマ帝国の国教となったキリスト教が席巻する地中海世界では、他宗教の神殿が破壊されて廃墟にされ、神官の儀式は廃止され、エジプトではミイラが作られなくなり、香料の需要が激減してしまった。[*81]

では宗教聖地としてのゆえだろうか。カアバ神殿のあるメッカは現在イスラム教の最大の聖地だが、イスラム教誕生の前はどうだったか。楽園を追放されたアダムとイヴがカアバ神殿を建設したときからメッカは聖地だった、という伝説はさておき、メッカでは考古学的な調査が行えないため、正確な起源はわかっていない。ただ、アラビア半島には当時、聖地がいくつもあり、数ある聖地のなかで、メッカは半島随一というわけではなく、[*82]カアバと呼ばれる神殿すら、ナジュランになど、いくつもあった。[*83]メッカには郊外にもミナー、アラファトなど聖地があり、巡礼はカアバ神殿よりもむしろ郊外の聖域へ行くものだったともいわれる。[84]

ウカーズと呼ばれる郊外の場所で毎年、定期市が開かれた。巡礼者が旅銭を工面するためもあったが、自給自足できないメッカに市場は重要だった。

カアバ神殿には諸部族の神々の偶像や聖石や聖木などが三六〇あまり奉納されていて、[*85]なかにはイエス・キリストとマリアのイコンもあったと言われる。[*86]アラビア半島の北西や南部では特に、ユダヤ教やキリスト教への改宗が多く見られた。辺境のアラブ人にとり、富裕なユダヤ人や先進の東ローマ帝国民が信仰する宗教のほうが魅力的だったからだろう。メッカにはユダヤ教徒がいた記録はないが、キリスト教徒の居住者がおり、墓地もあった。[*87]また、バヌー・アサド族というキリスト教徒のアラブ人部族がメッカに定住していた。[*88]

メッカの住民は神殿と周辺の聖地の門前町に住んでこれらを維持管理し、巡礼者の宿泊や食事などを世話し、巡礼者の宗教儀式に協力していた。数千人からせいぜい一万人くらいだったと言われる人口を養えるだけの産業だったのだろう、と想像できる。

預言者ムハンマド

そんなメッカで西暦五七〇年頃、ムハンマドが誕生した。伝承や預言者物語によれば、生まれる前に父が亡くなり、幼児期に母も祖父も亡くなったため、叔父に育てられ、少年時代は羊飼いもしたという。貧しい孤児の境遇だったとコーランにある（コーラン九三章六～九節）。長じてから商売に携わり、十数人規模の隊商の一員にもなった。二五歳のときに商人で金持ちの寡婦と結婚して生活は安定し、四〇歳のとき岩山の洞窟で瞑想しているときに神の啓示を受け、六三歳で亡くなるまで宗教活動を行った。

私は二〇〇三年のある日、ジェッダからターイフまで自動車で行く機会があった。ターイフは標高一八〇〇メートルの高地にあり、避暑地として発展していて、政府の会議がよく開かれる。紅海沿岸のジェッダから南東に向かって車で二時間くらいだが、途中、メッカを通る。通ると言っても道路はメッカを大きく迂回して行くが、車中から焦げ茶色の山肌が遠くに望めた。イスラム教徒でないためメッカに入れない私は、山の向こうにある街を想像するしかなかったが、焦げ茶色の山肌を見ながら、なぜムハンマドは洞窟で、正確にはメッカ郊外のヌール山にあるヒラー洞窟で、瞑想していたのか不思議に思った。暑くて湿気もあって、蝿や蚊なんかもいただろうに。

勤行だったという伝承があるが、どんな勤行なのかわかっていない。[*89]

それについては、活動する預言者という伝統がまだ生き残っていたからだ、との解説を読んだ。[*90] ユダヤ教・キリスト教の教典では何人も預言者が登場するが、ほかにも自称他称のメシアや預言者が、当時もその後も大勢いた、しかしそんな預言者の伝統はもう過去のものになってしまっていたところ、七世紀前半のアラビア半島ではまだ途絶えておらず、神の言葉を授かったと自ら主張する人たちがいた、というのだ。

洞窟でおこもりする人はほかにも、インスピレーションを得ようとする詩人や、カーヒンと呼ばれる、聖霊や妖霊からお告げを受けて占術を行う巫者（シャーマン）がいたそうだ。[*91] ちなみにカーヒンは短いフレーズを押韻してリズミカルにつなげる韻文（サジュウ体）を託宣形式に用いたが、初期のコーランの章句に影響が見られるそうだ。

時代背景としてはさらに、砂漠の奥地にひっそり暮らして孤独な禁欲生活に明け暮れ、ひたすら神に仕えるキリスト教の修道士や隠者が大勢いた。[*92] 彼らは食い詰めた乞食僧などではなく、ローマ帝国の国教になって急速に世俗化してしまったキリスト教に幻滅し、俗世から隠棲し、かつて迫害されていた時代の使徒や殉教者のように自らに対して厳しく生きることを求める人々だった。[*93] 純粋に神と向き合おうとする彼らの姿は啓発的だったかも知れない。加えてこの頃アラビア半島全体で、一神教的傾向が高まっていたという。南アラビアの多神教の神殿では、三世紀になると一柱の神のみが崇拝されるようになり、独自の一神教も現れたそうだ。[*94]

数多くの部族神や地域神には固有の名前があったが、神を意味する一般名としてアッラーという言葉、つまりアラビア語で神を指す普通名詞イラーフに定冠詞アルをつけた短縮形のアッラー（フ）が使用されていた。[*95] それが一神教傾向が強まるに連れて変化し、アッラーは天地の創造主であり、カアバ神殿に祀られている神々のなかで最高神をさす、という理解が出来上がったそうだ。[*96] つまり、部族神や地域神や聖木石など多くの神々が信奉される一方で、神々には序列があり、序列のトップにアッラーがいる。そんな構造が信奉され、しばしば人びとは下位の神々に最高神アッラーへの執り成しを願うこともしていた。

ユダヤ教には律法があり、キリスト教には福音書がある。こういった天啓の聖典をもつ啓典の民に対して、それを持たない多神教徒のアラブ人は、無学無法の未開民として劣等感を持っていたという。[*97]

ムハンマドは隊商の一員としてシリアのボスラを訪れたそうだ。ボスラはダマスカスの一〇〇キロほど南にあり、紀元前にはナバテア人の街だったが、ローマ帝国が支配してから属州の州都とされ、東ローマ帝国はキリスト教の大主教座を置いていた。玄武岩でできた建造物が今も残るが、ここでムハンマドはキリスト教会と接点を持ったとされる。ボスラを訪れる前後に、遺跡で有名なペトラにも立ち寄ったと想像するが、ナバテア王国が築いた岩窟墓もキリスト教会に転用されていた。ムハンマドはユダヤ教のシナゴーグやキリスト教の教会において、天啓の聖典が読まれ、祈祷や礼拝がされるのを見学したことだろう。メッカに帰った彼がカアバ神殿に参拝すると、三六〇体もの神々や聖木聖石が供えられていて、巡礼者が部族ごとに異なる信仰の儀式を取り行ない、それをメッカの人びとが助けて商売にするのを目にする。何か猥雑なものを感じていたかも知れない。

メッカ期

四〇歳で神の啓示を受け六三歳で亡くなるまでの二三年間の活動期間中、預言者ムハンマドの教えは、変化し進化する。コーランはムハンマドの死後に編纂されたもので、彼の言葉すなわち彼が授かった神の言葉を記しているが、新しいものから古いものへと並べられているものの、順序は必ずしも正確ではないらしい。後述するようにムハンマドは六二二年にメッカからメディナに移住（聖遷・ヒジュラ）するが、移住の前後により、コーランの章句はメッカ啓示とメディナ啓示に分けられているので、大まかにだがその変化・進化を追跡できる。文字も文字を書き写す材料も未発達だった時代、人びとの記憶力は現代の我々の想像をはるかに超えてすぐれていて、長々と父系祖先の名前が連なる人名を憶えるのはもちろん、聖典や詩編など、大部の書物にしたら何冊分にも相当する文言を記憶する人がざらにいたそうだから、ムハンマドが授かった神の啓示は、信者の記憶を元に、ほぼ完璧に再現され記録されたと考えられている。

ムハンマドがメッカで最初に教導したのは、唯一神アッラーの崇拝である。短い文体で、万物の創造神への感謝と帰依を呼び掛けるのが、啓示の始まりだった。

そのあと、この世の終末の日が到来して、死者は復活して最後の審判を受け、来世（天国か地獄か）が決まる、と啓示は続く。先行する宗教と通底する、この地域に広く浸透していた考え方だっただろう。霊魂や輪廻は含まれていない。

終末の到来については、新約聖書の「ヨハネの黙示録」がくわしく描くが、コーランにも恐ろしい描写が現れる（八一章、八二章、八四章、九九章、一〇一章など）。終末の日、ユダヤ教ではメシアが現れ死者が甦るが、来世は特にないようだ。キリスト教ではイエスが再臨し、復活した死者に対して最後の審判が行われ、永遠の命を与えられるか地獄に落ちるかする。コーランもまた、来たるべき審判について警告を与える（五〇章二〇―二六、三七章五〇―六一、三九章六七、八九章二一―二三など）。審判のあとどうなるのか、神の国とはどんなものなのか、キリスト教典ではっきりしないが、コーランは天国の魅力をイメージ豊かに描く（五五章四六節以下、五六章一五節―、四七章一六―一七節など多数）。

イスラム教徒の礼拝（サラート）は、今も行われる形式でこの頃始まったとされる。[*98] コーランはひたすら礼拝を薦めるだけで（一一章一一四、一七章七八―七九、二〇章一三〇、七六章二五―二六）、やり方は書いていない。絶対専制君主で支配者である神に対する奴隷の関係がイスラム教の本質なのだ[*99]とされる。

ムハンマドは神から断続的に啓示を授かり、布教を続けた。神への一方的な隷従を説くかたわら、慈悲深く慈愛に満ちた神の恩寵への感謝を説き、不信心者に対する神の怒りと天罰を語るなど、宗教らしさが備わってゆく。しかしメッカを出るまでの十年余りの間、彼に従った信徒はわずか七〇家族程度だったそうだ[*100]。

メッカの人びとにとって唯一神アッラーしか認めないとは、自分たちの信仰を改めるだけでなく、神々の祭祀を巡礼者と共催するにも支障があっただろう。神殿祭祀の利権で暮らしを立てていた人びとが反発したと想像できる。また、ムハンマドの指導に服することに抵抗を感じたかも知れない。古くからムハンマドを知る人は、孤児で居候で貧しかった男が、金持ち後家の再婚相手になって成り上がったばかりか、今度は神懸かりで宗教指導者になるだなんてと、嫉妬したかも知れない。

メッカの人々による迫害が激しくなって、信徒の一部はアビシニア（エチオピア）のキリスト教国であるアクスム王国へ退避し、ムハンマド自身も愛妻と叔父を亡くしたあと、信徒らとヤスリブへ移住した（六二二年）。この移住を聖遷（ヒジュラ）と呼ぶ。この年に始まるイスラム暦がのちに作られた。

ヤスリブはメッカの北方三五〇キロほど、紅海からは一六〇キロほど内陸に入ったところの、オアシスの農村だった。ヤスリブという地名はのちにメディナと改称されるので、このあとはメディナと呼ぶことにする。

メディナ期

メディナは山と丘陵に囲まれた溶岩台地の平原で、肥沃な土壌に恵まれ、ヤギやヒツジの放牧に適した緑地ばかりか、伏流水を利用する水利施設が築かれて麦、野菜、果物、ナツメヤシが栽培され、牧畜と農業を生業にするいくつもの小集落から成る農村だった。

メディナでムハンマドは抗争するアラブ人の二部族を調停して彼らの信頼を獲得し、入信者を増やすことができた。新たなメディナの入信者は、ムハンマドに従ってメッカから移住してきた信者と共に、宗教共同体を形成した。信仰でまとまった共同体は発展していった。

メディナには農業を営む富裕なユダヤ教徒が三部族ほどいた。離散して流れ着いたユダヤ人の子孫や、ユダヤ教に改宗したアラブ人だった。シナゴーグ（集会所）があってラビ（指導者）がいたことだろう。ムハンマドは彼らからユダヤ教の教義を吸収しようとした。神は唯一だからその啓示も同一のはずだと考え、先行するユダヤ教の預言者やその事蹟に親しもうとしたのだ。コーランの文言（メディナ啓示）はゆるやかな文体に変わり、ユダヤ教典の内容が盛り込まれた。しかしながら、関係は決裂した（コーラン第二章八七―九二節）。ユダヤ教徒の心情を想像するに、メッカを追われた商人上がりの男が預言者を自称し、ユダヤ教を剽窃（ひょうせつ）しようとしていると疑ったかも知れない。それまで礼拝はユダヤ教徒にならってエルサレムに向けて行なわれていたのだが、メッカに向けてに変更された（第二章一四二節）。

ムハンマドはキリスト教にも親しもうとしたが、イエスを預言者のひとりとしては認めても、神の子だとしたり母マリアまでも信仰対象とするのは受け入れられないとした（一九章三五節、五章七三―七五節、五章一一一節）。また、十字架刑に処されたとする事実も否定した（コーラン四章一五七節）。処刑されたのはイエスの身代わりだったという異説が当時あったらしい。[*101]

こうして先行する二つの一神教とは決裂してしまう（コーラン二章一二〇節、五章一四節）。同じ唯一神であればその啓示内容も同じだったろうに、どうして分裂して互いに排斥し合わなければならないのか。啓示の解釈が歪んだからだ。モーセに啓示が与えられてユダヤ教の律法が編まれ、イエスに啓示が与えられてキリスト教の福音書が編まれるうちに、解釈が歪んでしまったからだ。だから両教の束縛から脱して正しい教えを確立するためには、モーセやイエスよりも前のアブラハムに遡るべきだ、とムハンマドは考えた。「創世記」に現れるアブラハムこそは、ユダヤ教徒でもキリスト教徒でもない、預言者の元祖だ。アブラハムのふたりの息子のうち、ユダヤ人の祖先とされるイサクはコーランに登場せず、イサクの異母兄弟のイシュマエルが取り上げられる。大洪水で流されてしまったカアバ神殿を再建して拝礼するよう、神はアブラハムとイシュマエルに命じたとされた（コーラン二章一二五節以下）。これは必ずしもムハンマドと同時代人の共通理解ではなかったそうだが、コーランの理解として確立された。[*102]

ユダヤ教やキリスト教に劣らないような独自の啓典（キターブ）を確立しようと、ムハンマドはコーランの制定に注力する。イスラムという言葉で表される信仰の骨格は、メディナ期に形成された。

アラビア文字について

ムハンマドは文盲、つまり読み書きができなかったとよく言われるが、どうだろうか。読み書きそろばんができないと商人は務まるまい。ましてや、寡婦だった金持ちの商人に見初められるとは思えない。時代としては紙がまだなく（製紙技術が中国から伝わるのは八世紀）、先述のように旺盛な記憶力が尊重されたくらいだから、読み書きできない人が多かっただろう。当時のアラビア語は詩吟こそ盛んだったのだが、文字のほうは、ナバテア文字由来の西セム文字に南アラビアの南セム文字の影響を受けて作られたそうだが、まだ稚拙であり、日常生活で使われることは少なく、のちにイスラム政権に公式に採用されてから急速に発達したとされる。[*103] だから、文盲のムハンマドに授けられたコーランのアラビア語が完璧なのは神の言葉だからだ、という修辞はちょっと無理がある。伝承によるとムハンマドはある時期から何人も書記を雇っていたそうだから、大事な章句は推敲を重ねた、言い換えれば、神の言葉に正確を期そうと努めたのだろう。

コーランに現れる彼のユダヤ教・キリスト教の知識が不正確なのは、伝聞だけに基づいたからとされるが、教典はそれぞれヘブライ語とギリシャ語で書かれていて、シリア地域ではアラム語に翻訳されていたかも知れないが、アラビア語訳があったかどうか。アラム語とアラビア語は同じセム語系なので共通する語彙が多く、修得は容易だそうだが、[*104]文字はというと、どちらも読めない私に語る資格はないが、まったく違って見える。当時の教典はパピルスか羊皮紙に手書きされた貴重なもので、シナゴーグまたは教会に保管されていて、ラビまたは神父が読んで説教することはあっても、信者でもない者が読ませてもらえるとは思えない。もし信者であったとしても、自分たちの言語に翻訳して教典を読もうとする時代ではまだなかっただろう。

メッカ軍との戦闘

メッカからムハンマドの聖遷に同行した信者たちは、メディナの信者たちの支援を受けたが、ほどなく貧窮した。メッカ憎しの気持ちが高まり、軍勢を組んで、メッカの隊商を襲撃して商品を略奪した。当時だけでなく後世になってもそうだが、遊牧民による襲撃と略奪が横行する土地柄であり、戦利品目当てとはいってもそれだけでは済まずに戦闘や流血に至ることもあったから、長大な隊商なら傭兵を連れて行く時代だった。襲撃は戦闘行為となって、一連の戦役へと発展した。

ムハンマドが指揮した戦役は二七回、派兵は四七回を数えるという。[*105]夜討ち朝駆けや奇襲作戦も実行された。[*106]三百頭もの騎馬隊が駆使されたという。[*107]

メッカとの戦争状態が続くのに平行して、メディナに暮らすユダヤ教徒の部族は次々に追放され、なかには殺害され奴隷にされた部族もいた。単に非協力的だっただけでなく、敵対したり敵方に内通して裏切ったりしたためとされる。

数ある戦役のなかで、六二四年のラマダン月におけるバドルの合戦が決定的に重要だった。メッカに帰る大規模な隊商を待ち伏せする計画だったのが、大掛かりな戦闘に発展し、三〇〇人足らずのムハンマド軍が一〇〇〇人にのぼるメッカの軍勢を破った。劣勢を神が救ったとコーランに記述がある（三章一二三節）。ファラオの軍勢を紅海に葬ったモーセのように、イスラム軍は神の後押しを感じ取ったのだろう。ムハンマドにはそれまで過去の預言者のような奇跡、すなわちモーセのように海が割れたり、イエスのように病人を直したりする奇跡がなかったが、バドルの戦勝はそれに準じる奇跡だった。この合戦に勝ったラマダン月こそは、人びとへの導きであるコーランが下された月であるとして、断食月に定められた（二章一八五節）。なお、断食という習慣をイスラム教が取り入れたのはメディナ移住直後で、ユダヤ教のヨム・キプル（贖罪の日）の断食儀礼を採り入れたとする伝承もあるが、贖罪のため（旧約聖書の「レビ記」一六章）というよりも、戦勝までの苦難を思い返して祝福する意味合いが強い。[*108]

メッカとの戦争状態は一進一退を繰り返す。ウフドの戦い（六二五年）に敗れ、ムハンマド自身も負傷した。信徒の軍団が強い規律のもとで結束を固め士気を高めるよう、ムハンマドが演説し、それがコーランの章句になっていった（三三章、四八章など）。神は戦えと命じ（二章二一六節、八章三九節）、ジハードの義務を定め（九章四一節、四章九五節）、不信仰者と戦え（九章五節、同一二三節）、殉死は死ではない（二章一五四節、三章一六九節）、殉死者は天国へ行く（三章一九五節）というように、戦意高揚を目的とした文言が増えた。

これをもってイスラム教が好戦的な宗教だと決めつけるのはどんなものだろう。戦争という非常のときは、特別な使命感や爆発的なエネルギーが必要とされ、宗教や政治思想が神や国家や理想のための戦いを煽り犠牲を賞賛することが、日本の例を挙げるまでもなく、歴史上ままある。戦争を指揮する者は、兵卒だけでなく残された者やあとに続く者のためにも、殉死や犠牲は崇高でなければならず、間違っても犬死にとするわけには行かない。コーランには戦時の事情がストレートに表れているように私は思う。この章句だけをもとに、異教徒を殺すことは神の意思にかなうから天国に行けるのだと信じ込むことこそが、短絡で軽忽な妄信だと思う。

アラビア半島統一へ

ムハンマドは軍司令官であると同時に、政治指導者であらねばならなかった。メッカからの移住者を束ね、メディナの紛争を調停しただけでなく、社会問題など世俗的な事柄にも対応しなければならず、規則など法律的な事柄も彼は定めた。生き残りをかけてメッカ軍と戦う一方で、共同体内部の秩序を保ち、社会生活を正しく律する規定を積み重ねる。ムハンマドの発言は神の啓示と見なされ、コーランの文言としてのちに編纂されていった。

数重なる戦闘ののち、メッカとの戦争は終結し（六三〇年）、メッカの住民はイスラム教に改宗した、つまり神及びその使徒ムハンマドに服従すること（コーラン八章二四節）を承諾した。

カアバ神殿に参拝したムハンマドは、祀られていた神々の偶像を破壊し廃棄した。唯一神信仰を徹底するとともに偶像崇拝を禁じたのは、ユダヤ教のモーセの十戒（旧約聖書の「出エジプト記」一九章、「申命記」第四章・五章七節、「列王記」八章六〇）に通じる。神は世界を超越しているから、具体的な形象を与えてはならないのだ。モーセの十戒は「神の名前をみだりに唱えてはならない」とも言うが、これには従わず、「アッラーは最も偉大なり（アッラーフ・アクバル）」は大切な祈りの言葉だ。

ムハンマドが神々の偶像を廃棄するのを見たメッカの住民は、驚愕すると同時に、時代が変わったと実感したことだろう。カアバ神殿はそれまで諸部族が神々の祭祀のため巡礼に訪れる聖地のひとつに過ぎなかったが、これからはイスラム教の最重要な聖地になり、入信者が巡礼にやって来る。聖地にまつわる自分たちの利権が、衰微どころか繁栄するかも知れないと思ったかどうか。

ムハンマドが率いるイスラム軍は北方のオアシスを次々と制服し、多くの定住民や遊牧民の集団を配下に加えていった。半島各地のアラブ人たちは、こぞってメディナのムハンマドに使節を送り、イスラム教に入信して共同体に加わろうとしたという。ムハンマドも伝道者を送り、神は唯一である、ムハンマドは預言者である、という基本理念や教義を伝道者が口伝した。各地のアラブ人は、アラブ人指導者が生み出したアラビア語の唯一神信仰に、新しい時代の到来を感じたことだろう。ムハンマドが他界する（六三二年）までにアラビア半島のほぼ全域が彼に従った。イスラム教の下で歴史上初めてアラビア半島が統一されたとされる。

入信するといっても、当時は個人的な回心というより、部族が存立を安堵してもらうための集団的な宗旨替えだったという。[*109] そのためムハンマドが亡くなると、偶像崇拝の旧習が蘇り、反発する部族が蜂起し、自称預言者が各地に出現したりもして、イスラム新体制は崩壊の危機に直面する。この時代は、同盟や主従の契約は属人的であり、一方が死ぬとご破算が普通だったからだ。[*110] だがこの危機を、ムハンマドの後継者に選ばれたアブー・バクルが平定する。このムハンマドの後継者でイスラム社会の最高指導者の地位をカリフと呼ぶ。初代アブー・バクルの次のカリフの代から、ムハンマドの遺志を継いで、半島の外へ向かって布教を伴う征服戦争へ乗り出した。

アラブ人の兵士が徴募されて大規模な軍隊が編成されるというのも、歴史上初めてだったろう。多くが遊牧民で、彼らは普段から隊商を襲撃したり部族同士で争ったりして個別の戦闘能力は優れていただろうが、自分の部族の利害得失を優先し、他者から指揮命令されるのを嫌った。そんな彼らを結束させ統制するには、同じ信仰を持つことから生じる連帯感に加えて、戦争して勝ち続けることが必要だった。[*111] 戦争に勝てば戦利品が得られたからだ。コーランは戦利品の分配についても定める（八章四一節）。信仰は利得をもたらしたのだ。このインセンティブがある限り、彼らは指揮命令系統に従い、組織として強固な軍事力を発揮したことだろう。

第五章

ダマスカスの聖地にて

ウマイヤ・モスク

二〇〇四年になって、駐在期間がそろそろ終わりに近づいたことから、私は週末の前後に休みを取っては盛んに近隣国に短期の旅行に出かけていた。シリア（シリア・アラブ共和国）を訪れたのはパルミラ遺跡を見学したかっただけではない、宗教的な興味もあったからだ。

宗教的な興味という意味では、イスラエルのエルサレムに先に行ってみたかった。ユダヤ教とキリスト教の聖地であるとともに、イスラム教でもメッカとメディナに次ぐ第三の聖地とされていたからだ。サウジアラビアはイスラエルと国交がなく、直行便も運航されていなかったが、エジプトのカイロなど中継地を経由してなら訪問は可能だった。イスラエルは渡航者のパスポートに入出国の記録が残らないよう挿入紙方式を取っていたから、旅行後にサウジアラビアに再入国するときの心配もなさそうだった。だが、治安が懸念された。イスラエルのシャロン政権に対して、パレスチナ人の暴動が起こり、自爆攻撃が頻発していた（第二次インティファーダ）。サウジアラビアから旅行に行って爆破事件に巻き込まれた、ではシャレにならない。休暇取得先として不適当とされた。

イスラエル旅行をあきらめた私は、代わりにヨルダンへ行ってペトラ遺跡を見学したあと死海に立ち寄り、水着に着替えてプカプカ浮かびながら、対岸のイスラエルの丘陵を遠望するだけにした。そして次の旅行先として、シリアのダマスカスへ行こうと決めたのだった。

シリアはアラビア半島の北、地中海の東に位置して、リヤドに比べ気候は穏和だ。リヤドからダマスカスまでの飛行時間は二時間少々。空港からタクシーに乗って、近代的なビルが立ち並ぶダマスカスの新市街にあるホテルでひと息つき、荷物を置いてホテルを出発した。地図を見ながら東へ歩くと、店舗が密集した旧市街に出る。衣類や香辛料やアクセサリーなど雑貨を売るスーク（市場）のごちゃごちゃした通りを抜けて、店先に並べられた水たばこの道具を横目で眺めながら広場に出ると、中世ヨーロッパの聖堂を思わせる大きな建造物が現れる。尖塔があるので、これが目指すモスクだとわかった。近づくに連れて、柱と壁一面に施された繊細なアラベスクの装飾に目を見張った。

信者のあとについて行けば入れてもらえるだろうと思って正門を入ったら、私だけ止められた。そこに立っているふたりの男に対して、私が努めて明るくアラビア語で型通りの挨拶をしたところ、

「おまえはムスリム（イスラム教徒）か？」と、茶褐色のアラブ服を着た、年若いほうの男が英語で尋ねてきた。あとで聞いたらノン・ムスリム（非イスラム教徒）は違う入口（北門）から入るらしかったが、そんなことを知らない私は、正直に返事したら入れてくれないだろうと考え、「イエス」と答えた。

年長のほうの男は灰色のアラブ服を着て油紙のようなあごひげを胸まで垂らし、額には度重な

るお祈りでタコができていて、何百年も前からムスリムだというような年季の入った面構えだった。彼が何か言い、それを受けて若いほうの男が私に、証拠を示すよう要求した。「シャハーダ」という単語が聞こえた気がした。

「アッラーフ・アクバル（アッラーは最も偉大だ）」はすぐに言えたが、これはシャハーダ（信仰告白）ではない。

「ラー・イラーハ・イッラ・アッラー（アッラーの他に神はいない）、ムハンマドゥンラスールッラー（ムハンマドは預言者だ）」

緊張して私は途中までしか言えず、後半がしどろもどろになった。ふたりはいぶかしそうな顔をする。仕方ないから私は居直って、

「サウジアラビアに住んでいて、今朝ダマスカスに着いたばかりなんだ」

だからそんなに邪険にしないでくれ。ひげもはやして、地味な格好をしているじゃないか。

年長のほうが、まあいいかと、あごをしゃくった。私は何か言い足りない気持ちを抑え、「シュクラン（ありがとう）」とだけ言って前へ進んだ。

ウマイヤ・モスクは世界最古の聖地に建っていると言ってよかろう。ダマスカスの歴史は古く、元祖アラブ人が定住して天水農耕や牧畜を始めた土地のひとつだ。歴史上イスラエル王国が現れた紀元前一〇世紀頃、ここはアラム人の王国の首都だった。アラム人はユーフラテス川上流に住んでいた民族で、やはり元祖アラブ人の子孫だ。ダマスカスの神殿では、天候と豊穣の神ハダド

(別名バアル)が祀られていた。[*112] 出エジプトを果たしたイスラエルの民が定住するカナンの地で祀られていたのと同じ神だ。ダマスカスは歴史の推移でもイスラエルと歩調を合わせるように、メソポタミアの新バビロニア王国に、継いでアケメネス朝ペルシャに支配され、アレキサンダー大王の遠征後はセレウコス朝、そしてローマ帝国の支配下に入った。ローマ帝国はエルサレムでやったように、神殿に祀る神をハダドからジュピターに変え、さらには四世紀後半、神殿をキリスト教会(聖ヨハネ教会)に変えた。それがイスラム教のモスクに改造されたのは八世紀だ。このように数々の遍歴を経てきた、人類にとって貴重な文化財なわけだ。

モスクの中で

入り口でふたりの男と問答になったことなど忘れて、私は靴を脱いで袋に入れて、神妙な気持ちで礼拝所に入った。中は広く、天井は高く、何十本も柱が並ぶ。入口の手前で手足を洗った人が濡れたまま入るからだろう、絨毯が湿っぽく、屋内にも湿気がこもっていた。出入りする信者の邪魔にならないよう、私は壁にそって歩き、キョロキョロ見て回りたい気持ちを抑えて、隅のほうにすわった。思った通り、誰も私を気にかけるそぶりはないから、落ち着ける。礼拝の時間ではなかったから、家族連れが多くいてにぎわっていた。彼らが普段行くモスクは、リヤドの街なかにあるように、外観も内装もシンプルで、男女別になっていて、礼拝所という機能に徹しているのだろうと想像し、ここは特別な場所なのだろうと思った。

私がすわった近くに、模様豊かな織物のカバーをかけられた、大きな棺（ひつぎ）が置かれていた。聖人の墓廟である。一番大きいのが聖ヨハネのもので、かつてここがモスクに変わる前に聖ヨハネ教会と呼ばれていた由縁の聖遺物だ。聖ヨハネとは、先にイナゴと野蜜を食べていたと紹介した洗礼者ヨハネのことだ。ヨルダン川河畔の荒野で粗衣粗食の禁欲生活をしながら、罪のゆるしを得る悔い改めの洗礼を説き、イエスにも洗礼を授け（新約聖書の「マタイによる福音書」第三章）、イエスはそのあと荒野で悪魔の誘惑と四〇日間戦った（同第四章）。ヨハネが荒野で、悔い改めによって神の憐みを得ると説いたのに対し、イエスは神の愛があるゆえ人は悔い改めるとして、進んでユダヤの民衆の中へ入って行った。[*113] イエスが刑死するより前に洗礼者ヨハネは領主ヘロデ・アンティパスにより処刑され（新約聖書の「マルコによる福音書」第六章）、のちに彼の首がここに葬られたとされて、聖ヨハネ教会と呼ばれるようになった。聖ヨハネは預言者としてコーランにも名前が載っている（六章にヤヒヤという名前で）。モスクに聖人の墓廟があるというのは、サウジアラビアではあり得ないように思うが、ここでは来訪者がみな敬意を表している。

新約聖書の登場人物では洗礼者ヨハネのほか、使徒パウロもダマスカスに関係している。先述の通りユダヤ教ファリサイ派のエリートで、イエスの信奉者を迫害する側にいたパウロは、ある日ダマスカスに向かう途中に回心した。回心後のパウロは、砂漠で三年間過ごして信仰を確立してから、布教伝道へ向かう。ガリラヤやエルサレムにいたイエスの愛弟子たちとは生まれも育ちも異なるパウロだったが、キリスト教の発展には大きな役割を果たす。パウロの回心をダマスカスで助け洗礼を授けたアナニアという信者がいて、彼の家が地下教会として現存するので、このあと私は表敬に行くつもりにしていた。それを済ませたら、バーへ飲みに行こうと思っていた。

キリスト教からイスラム教へ

預言者ムハンマドが生まれた六世紀半ば、東ローマ帝国（ビザンチン帝国）とササン朝ペルシャは、五度目の戦争となる小競り合いを始め、戦争が本格化した七世紀初めには、ダマスカスを含むシリア地域はササン朝ペルシャの支配下に入った。ペルシャ軍は東ローマ帝国の首都コンスタンティノープル近くまで攻め上ったが、六二〇年代に入って東ローマ帝国軍は逆襲に転じ、ササン朝ペルシャの首都クテシフォンまで攻め入って、六二八年に和議が成立した。

ダマスカスを含むシリア全域は長く戦乱の中にあったわけだが、その南のアラビア半島の砂漠地帯に対して両帝国は、名目的な領有権を争うだけで実際に手を出そうとはしなかった。不毛の地であり魅力がなかったのだ。ところがそんなアラビア半島で新たに勃興したイスラム教共同体は、半島を平定しただけでなく、シリア地域へ攻め上がってきた。東ローマ帝国軍は兵力では圧倒的に有利だったが、イスラム軍を甘く見たせいか、大敗する。

イスラム軍の攻撃によって、ダマスカスはいち早く陥落した（六三六年）。キリスト教司教が手引きしたという。[*114] イスラム軍は多少の略奪はしただろうが、住民が税を払うなら危害を与えないと約束した。住民はほとんど抵抗せず、城門は開かれ、東ローマ帝国の駐留軍は撤退した。

住民は有為転変に慣れていて、支配者が変わっても納税先が変わるだけだと割り切っていたのだと言われる。宗教的な抵抗感はなかったのかというと、当時のキリスト教会はイエスの神性人性の神学論争で長く混乱し、教会内の勢力抗争にとどまらず、市街地での暴動や修道院が放火されて修道士が焼死するなど、民衆の間でも長く争乱が続き、人々は懲りていた。[*115] また、住民は大半がアラブ系だった。彼らはアラブの新しい宗教に魅力を感じ、キリスト教から改宗した。教会や聖職者が介在しないストレートな信仰の形態は、新鮮だったのではなかろうか。改宗しないキリスト教徒は、男子住民に課される人頭税（ジズヤ）と土地の産物に課される地租（ハラージュ）を払えば、庇護民（ズィンミー）として扱われた。イスラム教徒が払う額（ザカート、喜捨）より多額であり、またイスラム教徒に比べ不平等な立場に甘んじなければならなかったが、無理に改宗しなくても済んだのだ。コンスタンティノープルの総主教から非正統派、異端と扱われていたキリスト教徒は、改宗しないまでも、イスラム軍の支配に協力した。[*116] イスラム軍の支配下でユダヤ教徒はキリスト教徒の迫害から解放されることになった。ユダヤ教徒とキリスト教徒のほかゾロアスター教徒も一神教の啓典の民と見なされ、改宗しなくても構わないとされたが、それ以外の多神教徒の場合は改宗しなければ死を覚悟しなければならなかった（コーラン九章五節）。改宗すれば対等に扱われるのだから改宗するか、それとも逃亡するかだった。

イスラム教に改宗するにあたり、男性は割礼が必要だったか、という歴史上の疑問がある。アラブ系の男性住民なら宗教に関係なく割礼していただろうから、問題なかっただろう。ギリシャ系やペルシャ系など、住民のなかには割礼していない人もいただろうが、改宗するにあたり要求されたかどうか、史料はなさそうだ。コーランに割礼の言及はない（伝承では預言者ムハンマドは特別に短い包皮だったという）。イスラム教徒にとって割礼に重要な意味があるとされるのは二世紀以上たってからで、初期の頃はまだ意義が一定していなかったそうだ。[*117] 従い、この頃はまだ要求されなかったと想像してよさそうだ。念のために補足しておくと、現在、イスラム教徒に改宗するにあたり割礼が要求されることはないと聞いている。

イスラム軍の侵攻

イスラム軍とは言っても、元は部族同士バラバラの遊牧民と町村民から成る兵士たちであり、イスラム教で連帯意識を持ってまとまったとは言え、どうやって短期間に精強な軍隊組織ができたのか、不思議でならない。それはともかく、ダマスカスが開城する際に住民とイスラム軍との間に交わされた降伏協定は近隣のモデルになり、エルサレムも陥落した（六三九年）。イスラム軍は次々と都市を落として北上し、東ローマ帝国の首都コンスタンティノープルへ向かうと同時に、ササン朝ペルシャの領土にも侵攻してゆく。ペルシャ帝国内に住むキリスト教徒も非正統派が多く、侵攻するイスラム軍に協力したらしい。一時的な略奪はあったとしても、長期的に見れば貢税の額が重くなるわけでもなかったようだ。

ササン朝ペルシャは六二八年にチグリス川の大洪水によりメソポタミア南部の農業が壊滅的な被害を受け、さらに内戦も勃発して、内部崩壊状態に陥っていた。[*118] ペルシャ領内に攻め入ったイスラム軍は、首都クテシフォンを奪い（六三六年）、ササン朝帝国は滅亡した（六五一年）。イスラム軍はその後インドにも攻め入った（七一一年）。

一方、西に向かったイスラム軍も、エジプトを征服（六三九年）しただけでは満足しなかった。ナイル河の西の砂漠地帯をエジプトの人びとは地獄と呼んでいたが、そこにも攻め入ったのは砂漠に慣れていたからではなかろうか。エジプトではキリスト教（コプト教会）が信仰されていたが、砂漠に暮らす遊牧民のベルベル人には布教が進んでいなかったため、イスラム教が受け入れられやすかったという。[*119] イスラム軍はベルベル人と協力し合いながら北アフリカを横断制覇し、ジブラルタル海峡を渡ってヨーロッパのイベリア半島を占領し（七一三年）、ピレネー山脈を越えてフランク王国と戦い（七三二年）、ロワール川沿岸まで勢力を伸ばした。

このような爆発的な領土拡大は、奇跡だとされる。イスラム教は部族同士で対立していたアラブ人を共同体としてまとめたばかりか、被占領民の間にも広まり、広大な版図を築き上げた。このダイナミズムは日本の歴史に比べるものがないばかりか、世界の歴史のなかでも特筆されるべき事象だろう。

正統カリフ時代からウマイヤ朝へ

時代を少し、ムハンマドの死後にまで巻き戻してみたい。

その後もメディナがイスラム政権の中心地だったが、政権を担う人々には広域の領土を支配して政治運営する経験などないから、多くの問題に直面した。軍が連勝して占領地域が広がり、戦利品や貢税によって景気が沸き立つ間は良かったが、国家制度が未整備なままでは、急拡大する領土を統治して運営するのは容易でなかった。ムハンマドの後継指導者であるカリフは、四代まで彼の身近にいた信者から選ばれた。四代目カリフのアリーは預言者ムハンマドの従兄弟かつ娘婿であり、血脈からして正統な後継者に違いなかった。三代目カリフのウスマーンが暗殺（六五六年）されたあとを継いだのだったが、政権のシリア総督としてダマスカスに駐屯していたウマイヤ家のムアーウィアがこれに反対し、対抗してカリフと名乗った。両者の軍が衝突し、そのあと交渉がなされてアリーが妥協したところ、そんな妥協は正道に反するものだと彼の配下の一派（ハワーリジュ派）が反発し、アリーを暗殺してしまう（六六一年）。

預言者ムハンマドの没後に四代のカリフが治めた約三〇年間は、正統カリフ時代と呼ばれる。四人の後継者のうち三人が暗殺され、最後のアリーの場合は先鋭的なイスラム教徒が離反しての犯行だった。宗教はなべて熱い信仰心と厳格な原理主義的思考を喚起しがちだが、この激越さには驚嘆させられよう。

アリーの死後、彼に敵対していたムアーウィアが、ダマスカスをベースにイスラム政権を掌握した。彼は三代目カリフのウスマーンと同じく、ウマイヤ家という、メッカで神殿を守る役目を担っていた名門氏族の出身だった。同家はかつて預言者ムハンマドに敵対する最大勢力だったが、のちに入信し服従した経緯がある。

ムアーウィアが軍略家として卓越していたと思われるのは、強力な騎馬軍団を編成したことに加えて、東ローマ帝国軍に対抗できる海軍を作ったことだ。[*120] 東ローマ軍は地上戦では劣勢だったが、艦隊による反撃を有利に進めた。対してムアーウィアも艦隊を編成し、海戦を制してコンスタンティノープルを海上包囲するに及んだ。陥落させるには至らなかったが、イスラム軍は東地中海やエーゲ海の島々に対してまで覇権を広げた。

ムアーウィアのあともウマイヤ家が世襲でカリフの地位を継いで政権を担い、ダマスカスに首都を置いて、対内的には帝国支配の体制を整え、対外的には領土拡張戦争を継続した。歴史上は、正統カリフの時代が終わって、ウマイヤ朝の時代になったとされる。他方、暗殺されたアリーとその子孫を指導者(イマーム)と仰ぐ信徒は、ウマイヤ朝政権と対立し抗争する。彼らはのちのシーア派となり、ウマイヤ朝カリフを正統と認めるスンニ派との分裂がここに始まった。

アリーの息子フサインの墓廟が、私が訪れたダマスカスのウマイヤ・モスクの中庭にある。預言者ムハンマドの孫にあたるフサインは、ウマイヤ朝軍との戦闘で敗死した(六八〇年)。フサインの墓廟は彼が戦死したイラクのカルバラにもあるが、ここダマスカスにも彼の首が葬られた墓廟が築かれた。シーア派イスラム教徒の参拝が絶えないようだった。

アッバース朝の時代

ウマイヤ朝は内紛が多く、一〇〇年も続かずにアッバース朝に取って代わられる（七五〇年）。バグダードに首都が建設され、ペルシアの官僚制を取り入れて、イスラム帝国と呼ばれる政治体制が築かれた。イスラム世界はヘレニズム、ペルシャ、インドなど先進異文化を吸収し、国際化する。ヨーロッパ文明が一三世紀頃まで暗黒時代と呼ばれるのに対して、イスラム世界は最盛期の黄金時代を迎える。

共同体のなかでイスラム教の充実に向けた動きが見られた。教理が学者（ウラマー）により考究されて深化し、イスラム暦が制定され、また、メディナを拠点にコーランの章句の分類や整理など編纂作業がなされ、預言者ムハンマドの言行録や関連情報の整理と研究が学者（ウラマー）によって進められた。

東アジアとの接触も始まっていた。

東に向けて進むイスラム軍は中央アジアで唐と衝突した。七五一年にタラス河畔（現在のキルギス光和国タラス州）の戦いで戦勝し、中央アジアにもイスラム教が伝播してゆく。捕虜になった中国人に紙職人がいて、製紙技術がイスラム世界へ、さらにヨーロッパへと伝わった。紙を利用した写本が多く作られ、イスラム文化の発達に寄与した。

中国には唐代の七世紀半ばからイスラム政権の使節が送られ、多くのアラビア商人が交易のため中国の港湾都市を訪れた。居住地にはモスクも建てられて、信徒も増えて広がった。ちなみに唐朝の初代皇帝、李淵（高祖、五六六年生まれ）は、預言者ムハンマドと同世代である。隋の高官だった彼は、反旗をひるがえして隋を滅ぼす（六一八年）。滅ぼされた隋の煬帝もまた同世代（五六九年生まれ）だった。どちらも出自は匈奴の後裔の鮮卑族であり、遊牧民だった。

その煬帝に対して遣隋使を派遣した（六〇七年）のは、推古天皇と皇太子の聖徳太子だが、太子もまた同世代だった（五七四年生まれ）。豪族の勢力がまだ強い中で、太子は天皇中心の政治体制を確立しようと努め、鎮護国家のため仏教寺院を国内各地に建立した。唐代には日本から多くの遣唐使が派遣され、学問僧が仏教を持ち帰った。国家のため貴族のための仏教であり、土着化し民衆に広まるのはまだ先だ（一二世紀）。

遣唐使はイスラム教徒とも接触している。前述のタラス河畔の戦いの翌々年、玄宗皇帝への朝賀の謁見式で、遣唐使の大伴古麻呂は、大食（タージー）の朝貢使節と列席した（『続日本紀』の巻第一九、天平勝宝六年）。タージーは現代のタジキスタンのタジクに通じる呼称であり、アッバース朝イスラム帝国をさしていた。大伴古麻呂はその年に帰国するにあたり、僧鑑真を日本に連れて行くことに成功したのだが、当時の唐には道教や儒教はもちろん、仏教のほかにも西域からゾロアスター教、キリスト教ネストリウス派、マニ教、イスラム教などが伝わっていた。遣唐使のなかにはそれらを学んだ留学生がいなかったのだろうか、と思う。

イスラム教の伝播

アッバース朝はイスラム帝国の繁栄を築いたが、地方の分裂により一〇世紀頃から弱体化し、一三世紀にはモンゴル軍に滅ぼされる。島国の日本の場合、蒙古の襲撃（元寇）による被害は僅少で済んだが、ユーラシア大陸のように陸続きの場合、大挙して攻め入るモンゴルの騎馬軍団は防ぎようがなかったようだ。バグダードは徹底的に破壊され、住民の大半が虐殺された。ダマスカスも甚大な被害を被った。

モンゴル高原に発した遊牧民が広大な領土を築いたダイナミズムも、人類史において特筆されるべき事象だが、これによってイスラム教は勢いを失うことはなかった。モンゴル人は土俗の宗教を持っていたのだが、アッバース朝の領土を支配したイル＝ハン国、キプチャク＝ハン国、チャガタイ＝ハン国はイスラム教に改宗した。

イスラム教は日本の近く、東南アジアの島嶼部にまで伝播した。武力ではなく、イスラム教徒のアラブ人、ペルシャ人、インド人らの交易がベースになっている。シンドバッドの航海記に出て来るような木造のダウ船は、一〇世紀には二〇〇人を乗せ、三トンの荷物を積むまでになっていた。[*121] モンスーン（季節風）を三角帆に受けて、イスラム商人は西はアフリカの海岸沿いにザンジバルやマダガスカルまで南下し、東に向かってはインドの西海岸やセイロン島を訪れ、マレー半島、フィリピン諸島、インドネシア諸島に渡った。これら商人に同行したスーフィー（神秘主義者）のイスラム教指導者が布教した。[*122]

東南アジアの島嶼部では布教の結果、イスラム教に改宗した王（スルタン）が頂点に立って統治する政治体制が一三世紀末の北スマトラに始まって、各地に形成された。多言語の東南アジア諸島では域内の交易のためマレー語が共通語として定着していたところ、これをアラビア文字で表記するジャーウィ文字が使用されるようになり、コーランや注釈書などがマレー語に翻訳されもして、イスラム文明が広がった。

一五世紀末からは、ヨーロッパ諸国の大航海時代が始まる。人類史上初めて世界一周を果たすことになるマゼランの艦隊は、香辛料を求めてスペインを西に向けて出航し、アメリカ大陸南端の海峡を越えて太平洋を渡り、のちにフィリピンと呼ばれることになる島々を訪れた（一五二一年）。乗組員の記録によれば、マゼラン提督はスペイン語を教え込んだマレー人の奴隷を連れていて、島々にいるマレー語の話者を介して諸王と会話できた。イスラム教を信奉する王国がいくつかあり、信者は割礼を受けていた。[*123] フィリピン諸島の住民はスールーとミンダナオを除き、スペインの占領政策と布教によりカトリックに改宗したが、東南アジア島嶼部の多くでは、植民地化されてからもイスラム教の信仰が続いた。

アラビアの空洞化

ダマスカスやバグダードを中心にイスラム帝国が繁栄したが、アラビア半島はそれにあずかることなく空洞化し、沈滞した。[*124] メッカとメディナはまだイスラム教の聖地としての存在感があったが、政治的な力は失われた。七世紀のイスラム軍の外征に加わったアラブ人には、アラビア半島へ戻らずに征服先に移住した者も多かったようだ。北アフリカでは遊牧民であるベルベル人にアラブの生活様式が浸透し、アラブ人の移民が同化していった。[*125] その一方でアラビア半島では、アラブ人は従来の暮らし、すなわち、砂漠に暮らして移動する多数の遊牧民と、オアシスで農業や牧畜や商工業に携わる少数の定住民に戻った。

アラビア半島の外で、歴史は進行した。中央アジアでモンゴルの勢力が衰えたあと、同じく遊牧民だったトルコ人がアナトリア（トルコの小アジアと呼ばれる東側の地域の古い呼称）に移住して勢力を蓄えてオスマン帝国を興し、一五世紀にはコンスタンティノープルを陥落させて東ローマ（ビザンチン）帝国を滅ぼした。オスマン帝国はその後、東欧、西アジア一帯、さらに北アフリカへと覇権を延ばし、広大な領土を築くに至った。

こういった歴史の流れのなかで、アラビア半島は、特にその中央の砂漠地帯は、ひっそりと歴史の外にあったのだが、近代に近づくにつれて、再びイスラム教が強烈なパワーを発揮する時代が訪れる。私はそれを一九世紀から二〇世紀の半島の歴史に見出して、魅了された。イスラム教が再び勢いづき、不毛地帯だったアラビア半島が国家として立ち上がる、新たな奇跡が起きたのだ。

第六章

部族民とサウジアラビア建国

砂漠に雨が降る

二〇〇三年末だったか、冬のある日、私は東部州のアルコバルへ日帰りで出張した帰りの車の中にいた。片道三時間半の行程で､向こうを出たのが夕方だったため､すっかり日が沈んでしまった。高速道路を走行中、運転手のシェイクは速度を落とし、道路脇のガソリン・スタンドの駐車場に車を入れ、車を停めると何も言わずに急ぎ足で駐車場の隅のモスクのほうへ向かった。

もし聞かれていたら、礼拝するならリヤドに帰ってからにしてくれと私は言っただろう。昼食にチキンと野菜を薄いパンで巻いたシャワルマをひとつ食べたきりで空腹だったから、早く帰宅したかったのだ。だが、シェイクがストレスを抱えて事故でも起こしては困る。たっぷりお祈りしてくれればいい。そう思い直して、私も車を降り、そのあたりを散歩することにした。外気にはまだ日中の余熱があったが、私は上着を着た。風があり、空は曇っていて、月も星も見えなかった。

ガソリン・スタンドの奥に小さなコンビニエンス・ストアがあり、その裏に、簡便な宿泊施設が白いドアを並べていた。何気なくその端まで歩いて行って、意外なものを見付けた。建物の隅の屋根の下に、紐で結わえた薪が大量に積んであったのだ。キャンプファイア用かと思ったが、それにしては多すぎる。ようやく思い当たった。砂漠で使用する薪に違いない。きっとここは、遊牧民が買い付けに来る補給場所でもあるのだ。そういえばコンビニにも、野外で使うための用具が置いてあった。

ベドウィンと呼ばれた遊牧民は今も健在なのだろうか。まわりの砂漠を見渡してみたが、それらしい姿は見えなかった。

車に戻るとシェイクがフロント・ガラスを布で磨くように拭いていた。ヘッドライトに向けて飛んでくる羽虫がフロントガラスに衝突して曇りが生じていただけでなく、死骸がワイパーで窓の両端に押し付けられて固まっていたのだった。三月か四月だったか、砂嵐の砂で車のバンパーが削られ、保護のためグリースを塗ったのを思い出したが、この日は羽虫の処理だった。

「たいへんだね」と声をかけると、シェイクが苦笑いして首を振り、こんなものだというような返事をした。運転に支障はないようだった。

羽虫が大量に発生したのは雨が降ったからだ。どこにどれくらい降ったかわからなかったが、そこで草が芽吹き、赤や白や紫の小さな花が咲き、昆虫が羽化して、交尾のため一斉に飛び出したのだ。イナゴ食を先に紹介したが、その昔、冬のシャンマル地方の砂漠では至るところで、日が昇って地面が暖かくなると無数のイナゴが飛び立ち、重そうな飛び方で風のまにまに漂っていたという。[*126] 日が昇る前、イナゴは寒さで半分凍えている上に羽が霜で濡れて飛べないから、藪かげにぎっしり密集していて、それを住民はシャベルで袋にすくって採集したそうだ。

モンスーン（季節風）により夏にはアラビア半島南部で、冬には北の砂漠で、雨が降る。リヤドでも降り、雨の前の、夜の雷は壮観だ。砂漠の雷は大地に落ちず、天空を切り裂きながらさまよう。雷鳴が聞こえると、私は酔狂にも水着に着替えてコンパウンドのプールに向かう。冬場のプールは寒くて泳げたものではないが、なぜかジャグジーは温かかったから、露天風呂の気分でつかりながら雷を鑑賞できたのだ。

雨が降った翌朝、何かが変わった感じがするのは、大気の湿気のせいだ。葉の色がみずみずしく、家の前の花壇から貝殻虫みたいなのが湧き出していて、道路脇の砂地には見たこともない植物が顔を出す。蝶が舞うのを見ることもある。市内の道路で冠水が起きるのは、排水設備があっても砂が詰まるからだろう。

昆虫が発生すると、それを求めて野鳥がやって来る。スズメ、ハト、カラスなら普段から見かけるが、ヒヨドリ、ヒワ、ヒタキ、ヒバリの類や、さらにそれらを追って猛禽類も現れる。想像するに、小型の野鳥は夏場、半島の西部・南部の山地で繁殖し、冬場に砂漠へエサを求めて降りて来るのではないか。水鳥のような中型や大型の野鳥は、夏に北のアナトリアやイランの高原で繁殖し、モンスーン（季節風）に乗って渡りの途中にアラビア半島に立ち寄り、アフリカへ向かうのだろう。コーランにはヤツガシラという鳥が出て来る（二七章二二節）。日本で見ることはまれで、リヤドでは見なかったが、紅海沿岸では春告げ鳥と呼ばれている。イスラエルの国鳥になっているぐらいだから、地中海東岸から渡りをしているに違いない（私は後年カイロのナイル川沿いで見た）。

これら野鳥を狙う猛禽類を人が飼い慣らして、古くからアラビアでも鷹狩りが行なわれてきた。

獲物は鳥のほか、トカゲや野ウサギのような小動物だ。ウサギは今でも食べるらしく、ときどきスーパーマーケットの食肉コーナーにパックされて売られている（目が赤いからそれとわかる）。

私は当地の鷹狩りを見物したことはないが、鷹狩り用のハヤブサなら間近に見たことがある。ジェッダへ出張した帰り、航空機前方の入口から搭乗したところ、ファーストクラスの座席に二羽、一席ずつ分かれて鎮座していた。血統書つきの名鳥だったのだろう。私を含めた乗客の多くは、鷹を横目でちらちら見ながら、奥のエコノミークラス席へすごすご通路を進んだのだった。

アラビアの部族民

アラビア半島を含めて中東でははるか昔から、イスラム教が興るずっと前から、人びとは部族という集団で暮らしていたという。部族とは基本的に、共通の祖先に血縁で繋がる人たちだ。アンサーブという部族の家系図を持っている家もある。男系だけの系譜が、樹木の幹と枝葉で表現された系統樹だ。系譜はアダムにまで遡る。人類の始まりは「創世記」のアダムとイヴなのだ。私はつい、アフリカから渡ってきた現生人類と重ね合わせて想像してしまう。

狩猟採集生活に農耕牧畜が加わってアラビア半島やその周辺で定住した小規模血縁集団は、食糧の供給が安定するに連れて人口が増える。平均寿命は短く幼児死亡率は高く、それゆえに子だくさんで、一夫一婦制ではなかっただろうから異母兄弟姉妹も多く、孤児も多く、母乳を分け与え、同じ母乳で育てば兄弟姉妹に準じた関係になる。そうして四世代も経れば五〇世帯くらいが、同じ祖先から派生した血縁一族を形成する。一族内では一体感が強いに違いない。おじとおば、いとこ、甥と姪といった限られた呼称では家系上の関係すべてを正確に表現し切れないが、血縁上は離れていても、おじおば、いとこ、甥姪などと呼び合う。いとこ同士の結婚が理想とされ、同族内での結婚が普通だった。そんな近親家族の集団は、普段は統率者を必要とせず、意志決定は総意でなされた。統率者を必要とするのは有事のときだけだ。バイアと呼ばれる、首長への忠誠の儀式、臣従の誓いを行った。[*127]

一族は血讐の単位である、すなわち、一族の一員が犯した罪に対して一族は集団で責任を負うが、一員に対して犯された罪に対しては一族で復讐する。血讐は「目には目を、歯には歯を」の同害報復が原則である。その歴史は紀元前二〇〇〇年紀のメソポタミアのハンムラビ法典や、そのさらに前の法典にも見られ、ユダヤ教典にもあり（旧約聖書の「出エジプト記」二一章二四節、「レビ記」二四章二〇節、「申命記」一九章二一節）、中東地域一円に共通する。野蛮な印象を受けるが、目には目以上の報復をしてはならないという意味で、復讐が連鎖拡大しないよう範囲を限定する合理的なルールだった。ちなみにイエス・キリストは同害報復を否定し、悪人に手向かわず、右の頬を打たれたらほかの頬を向けよと教えたが（新約聖書の「マタイによる福音書」五章三八節）、現実には難しい。対してコーランは報復刑（キサース）を認めた上で、血の代償（ディヤ）すなわち報復に代えて金銭や家畜による賠償を認め（第二章一七八節）、さらに報復なんかせずに許して上げるなら自己の贖罪になるとした（第五章四五節）。

農耕よりも牧畜を上位と考える傾向が人びとにあった。農耕を生業にして一個所に定住した一族もいただろうが、多くは季節ごとに牧草地を求めて移動し、一定の地域内の宿営地を巡廻したり、他地域へまとまって移住したりした。そのため、一族の紐帯は必ずしも緊密ではなく、よそへ出ていくことも、よそから加わることも構わない流動性を持っていたという。

そんな血縁一族はさらに拡大し分裂しては集合し、共通の祖先の名前を冠した氏族を構成する。氏族長は血族同士の利害衝突を調整する役割を担う。戦時には氏族単位でまとまるが、普段は特に協力し合う必要はない。そんな氏族がいくつかまとまって部族を構成する。部族の一員は、砂漠で出会った相手が同じ部族に属するかどうか、顔を見て家畜を見れば見分けがつき、会話すれば相手がどこの一族かまで聞き分けたそうだ。

昔からの慣習で彼らは、よその部族に対してであれば襲撃して掠奪してよいと考えていた。襲撃（ガズウ）は戦争（ハルブ）と異なり、原則的に殺し合いではない。それでも勢い余って殺したり負傷させたりすると血讐の掟に従わなければならないから、基本的に襲撃はその一歩手前で留め、相手を恐怖させて家畜などを奪う。襲撃は部族同士で行われ、もし同格の部族の間でなら、お互い様という感覚だったようだ。襲撃をするためはもちろん、よその部族の襲撃から町村の住人や遊牧中の牧民を守るためにも、部族は武装しなければならず、部族長は軍事リーダーでなければならなかった。

部族民のなかにはオアシスを中心にした町や村に定住して農耕、牧畜、商工業に携わる人たちもいたが、多くは遊牧民の暮らしをしていた。遊牧こそが潔い暮らしだという考えが一般的だったからだ。彼らは部族同士の切磋琢磨によって砂漠の戦闘に長けていて、隊商や巡礼団に対して盗賊行為を行なうこともあれば、侵入者を見つけると身ぐるみはいで皆殺しにすることもあったから、外部からはベドウィンと呼ばれて恐れられていた。ただでさえ広大な砂漠と高原と涸れた渓谷や川から成るアラビア半島の大地は外の人を寄せ付けなかったから、ベドウィンに対する恐怖心と相まって、外部から隔絶された世界を作っていた。近代になってこの地域を訪れた探検家や旅行者が、遊牧民のくわしい記録を残した。*128 そんな資料のおかげで、彼らのおおよそのイメージをつかむことができる。

いつだったか私は砂漠のテントに招かれたことがある。二〇人くらい入れる立派なテントだった。持ち主のサウジ人は砂漠で過ごすのが好きで、砂漠にいるとリラックスできると言った。私ならさしずめ海辺のコテッジで潮騒を聞くとか、夏山のキャンプで野鳥の声で目を覚ますとかなのだが、代々砂漠に生まれ育った砂漠の民は、砂漠に郷愁を感じるのだ。彼は私を喜ばそうと思って、ラクダに乗りに連れて行ってくれた。初めて乗るラクダは、口をもぐもぐさせて柔和な顔付きでおとなしくしていたのだが、乗ったら急に後ろ足で立ち上がったから、私は前のめりに落ちそうになり、痛い目を見た。なめてかかるなと、ラクダからも教えられた。

サウード家の勃興

アラビア半島にサウジアラビア王国が建国されたのは二〇世紀になってからだが、王国の前身は一八世紀半ばにさかのぼる。その歴史は、ひとりのイスラム法学者が豪族の首長と意気投合するところに始まる。そのイスラム法学者はムハンマド・ビン・アブドルワッハーブといい（以下、宗祖シャイフと呼ぶ）、当時のイスラム教の退廃を嘆き、多神教や偶像崇拝に通じるような慣習をやめて、コーランとスンナ（預言者ムハンマドの言行）にのみ従うべきだとする、厳格な復古主義による宗教改革を唱えていた。彼は過激な異端者と扱われて不遇をかこち、リヤド西郊のディルイーヤにたどりついたところで、そこの豪族ムハンマド・ビン・サウード（以下、始祖サウードと呼ぶ）に受け入れられた。始祖サウードはアラビアに統一国家を建設する野望を抱いており、宗祖シャイフはイスラム教の厳格主義による社会作りを目指していた。武力と布教により政教相携えて国造りする盟約をふたりは結んだ（一七七四年）。サウードの軍は近隣の部族と戦闘を交え、リヤド一帯を征服（一七六七年）、東部州も征服し（一七九〇年代）、イスラム厳格主義による統一国家建設に向けて勢力を拡大した。始祖サウード、宗祖シャイフの死後も勢いは衰えず、アラビア半島を制圧するに至った（一八〇八年、第一次サウード朝）。その頃ヨーロッパではフランス革命とその余波による混乱、戦争、そしてナポレオン軍による制覇が進行していた。サウード軍はシリアやメソポタミア地方に向けて軍勢を伸ばしたが、ロシアでナポレオン軍が敗退すると

（一八一二年）、オスマン帝国が息を吹き返し、形勢が変わった。オスマン皇帝は配下のエジプト太守ムハンマド・アリーに対し、アラビアの制圧を命じた。アリー軍は最新の兵器を使ってサウード軍を撃破し、政権を崩壊させた（一八一八年）。アリー軍がエジプトへ撤収したあと、サウド家とシャイフ家の生き残りがリヤドを拠点に国を再興させたが（第二次サウード朝）、今度はお家騒動に終始してしまい、その間にネジド北部のシャンマル族の当主ラシード家がオスマン帝国の支援も得て勢力を伸ばし、ついにはリヤドを占拠するに至った（一八八九年）。ラシード家の軍事支配下で忍従を強いられていたサウード家の当主アブドルラーマンは、近隣の部族であるオタイバ族、アジュマン族、ムタイル族らの協力を得て反乱を起こしたが失敗し、一家はリヤドから逃亡した（一八九一年）。アブドルラーマンの息子で、のちにサウジアラビア王国を建国して初代国王になるアブドルアジズは、このとき十四歳だった。

小学館日本大百科全書などによると、サウード家の祖先はアラビア半島東部にいて一五世紀中葉にネジド（半島中央部）の中部へ移住してきたアナザ族という部族のバニー・ウトーブという氏族のひとつの血統一族だった。一方で、シャンマル族はネジド北部からメソポタミアに及ぶ一帯に古くからいた部族で、その一族ラシード家は一九世紀前半にはサウード家の配下だったのだが、力をつけてシャンマル族の当主になって軍を率い、サウード家を倒してネジド中部まで勢力範囲を伸ばしたのだ。ラシード家が拠点としたハーイルはリヤドの北西約七〇〇キロにあるオアシスの街で、隊商路の要所に位置し、巡礼団が東のペルシャや北のシリアからメッカとメディナの二聖地へ往来する要路にもあり、繁栄していた。一九世紀から二〇世紀初めにかけてイギリス人の外交官や探検家がハーイルまでは訪れた。[*129] 南のリヤドを中心としたイスラム厳格復古主義の地域と違って、ここまでなら異教徒（キリスト教徒）の通行が容認されたからだった。

なお、宗祖シャイフが唱えたイスラム教の厳格な復古主義はよくワッハーブ主義と呼ばれるが、サウジアラビア国内ではせいぜいサラフィー運動と呼ぶくらいで、他宗派と比較してその呼称を用いたりしないため、本書ではこのあとも厳格復古主義とだけ記述する。

サウード一家の逃亡

反乱に失敗し家族を連れてリヤドを脱出したアブドルラーマンは、ハサ（半島東部）のアジュマン族に庇護を求めた。困窮者を助けるべしという砂漠の掟に従って、アジュマン族は一家を受け入れてくれたが、ラシード側への寝返りや刺客に襲われる心配があったようだ。アブドルラーマンは妻女だけバーレーンの領主に預けて、自分たちは砂漠へ逃れることにした。バーレーンを治めるカリファ家はかつてサウード家と同じ、先述のバニー・ウトーブ族の出自だったから、妻女の保護を依頼できたのだ。

砂漠を放浪するアブドルラーマン一行が身を寄せたのは、アラビア半島南部の、世界最大の砂漠と言われ空白地帯とも呼ばれるルブアルハリ砂漠に住むムッラ族だった。

ムッラ族は元はアラビア半島南西の町ナジュランを拠点にする遊牧民だったが、一八世紀になって北東へ勢力を伸ばしてヤブリン（リヤドの南二〇〇キロ）のオアシスをダワーシル族から奪い、さらに北上して一九世紀にはハサ（半島東部）へと勢力を拡大していた。部族は七つから八つの氏族から成り、ハサへの拡大を先導したフハイダ氏族のなかのショライム一家がサウード家一行をかくまった。*[130] 初代サウジアラビア国王となるアブドルアジズは、十代半ばの二年間を彼らと暮らした。

ムッラ族はベドウィンの中のベドウィンと称され、他の部族から一目置かれていた。ムッラ族の男たちは小柄で髪は長く、全身にマントのように布をはおり、頭巾で顔をおおって目だけ出していた。汗の蒸発を止め、皮膚の表面に涼しい空気の層を作り、熱気を遮断するためだった。*[131] 先に私はベドウィンの部族間の襲撃（ガズウ）はお互い様だと書いたが、ムッラ族の場合、まわりの部族から良好なラクダを多種多数奪い取るばかりで、反撃されて奪い返されることは少なかった。理由は彼らが並外れて強かったことに加え、彼らが住むルブアルハリ砂漠は広大で過酷で、人を寄せ付けなかったからだ。ムッラ族を襲撃しようとしても、返り討ちに遭うのが関の山だった。それゆえ長い間未知の地域の未知の部族とされてきたが、二〇世紀になって探検家や研究者がこの地域を訪れ、ルブアルハリ砂漠の様子やムッラ族の暮らしがわかってきた。*[132] アブドルアジズが父アブドルラーマン、異母弟ムハンマドらと寄留したムッラ族の生活を、そういった資料から想像することができる。以下で、それを紹介してみよう。

ムッラ族とラクダ

ムッラ族にはヤギやヒツジを飼ってオアシス周辺だけに暮らす人たちは少なく、多くはラクダの牧畜を主体に遊牧の生活をしていた。アラビア半島のラクダは長年の品種改良を経て、体型も体重も多様化し、乗用、搾乳、荷運びといった用途に適した種類へ発達していたが、彼らはそれらを揃えていた。夏場は南のオアシス周辺で過ごすが、秋になって気温が下がってラクダに水をやる頻度が減ると、牧草地を求めて西や北へと移動する。自分たちのラクダだけでなく、オアシスに居残る仲間から託されたラクダも連れてゆく。わずかでも雨が降ると、ワディ（涸れ谷・川）ではすぐに草が生える。低木は深く根を張っているから、雨のあと四年は葉を生やす。そんな牧草を求めて移動するのだ。移動した先にいつまで滞在するかは牧草次第だ。たいていはしばらく放牧したら、次の場所に向けて移動を続けて行かなければいけない。ハサ（半島東部）から、さらにクウェートやシリア方面にまでも移動したという。ラクダは水なしで七日間、地面の状態次第では一日に数十キロを歩けるが、途中でアザミやスゲ、アカザなどの低木が生えていたら、そこで道草してラクダに食事をさせた。

ムッラ族は太陽が中天にあっても、周囲に目印がなくても、方角がわかる。星空を見て時刻を言う。井戸の在処を知悉している。井戸の深さは毎年変わるが、井戸の上に簡単な木組みを建て、滑車に紐を通して、紐の先につけた皮製のバケツで水を汲み、皮製の飼い葉桶に水をためてラクダに飲ませる。一頭が四〇リットル以上飲むから時間がかかる。その間、遊牧民は自分たちの飲用水をヒツジやヤギの皮でできた袋に詰める。皮袋の外側には汗をかいたように水がにじみ出て、蒸発する。気化して熱を発散しない水筒のような容器に水を入れると、すぐに熱湯になって飲用に適さなくなる。

連れていくラクダは大半がメスであり、オスのラクダは荷運び用の少数に限られていた。理由は、メスは乳を出すからだ。秋から冬にかけて、暑気がおさまり食糧の草木が増えるとラクダは発情期を迎えるが、妊娠期間が一二カ月なので、ちょうど出産時期と重なる。ラクダは一頭しか子を産まないが、産むと一日に三から四リットルもの栄養価の高い乳を出す。しばらくすると分泌量が減り栄養価が下がるが、泌乳は子ラクダが乳離れするまで一年以上続く。遊牧民にとっては、貴重な食料だ。井戸水が塩からかったり悪臭がするときは、ラクダの乳を混ぜて飲用にした。

ラクダは移動先の牧草地で出産することになる。こういった牧草地では、遊牧民は久しぶりに近親の一族に再会したり、親しい部族や氏族と交流する機会が多い。そんなときは相手を食事に招待してもてなす。ガゼルやオリックスやダチョウ（ダチョウは二〇世紀になって乱獲され絶滅した）がすぐに採れるわけでもないから、子ラクダを料理して供することになる。オスの子ラクダから食べた。母ラクダには酷なことではあるが、子を奪っただけでなく、その後も母ラクダには子ラクダの皮のにおいをかがせて乳を出させたそうだ。*133

ラクダには所有する部族のシンボルマークがつけられている。場所は首筋や尻であったり、いろいろだ。これはワスムと呼ばれ、牧畜が始まった頃から使われ、五五〇〇年前の岩絵の牛にも印されている。[*134] 読み書きできない人も利用し、井戸や宿営地にも印された。

ラクダに対するムッラ族の愛情と感覚は並外れている。牧草地に複数の部族が集まり多数のラクダが群れていたとしても、彼らは自分たちのラクダをすぐに見分ける。シンボルマーク（ワスム）のおかげだが、それを見なくても、足跡からわかるという。足跡を見ただけで、どんなラクダかイメージすらできるという。乱れた足跡を見ただけで、そこを通った集団の特徴、荷物の重量や、ラクダが孕んでいるかまで言い当てる。コロコロしたラクダの糞を拾って指先でこね、そのラクダがいつどこで水を飲み何を食べたかなど言い当てる。ラクダの足底からはがれた皮膚を探し出して、どの部族のどんな種類のラクダが、どこからどのルートを歩いて来たか、言い当てるそうだ。[*135]

彼らは砂漠でラクダと生死をともにする。ラクダが倒れてしまったら、自分たちの死は必然である。ラクダの世話係を割り当て、細心の注意で管理させる。緑色の下痢便をするようなら、エサの灌木を選り分ける。ラクダの皮膚にできた肉刺（マメ）や疥癬（かいせん）を治療し、鞍ずれによる傷や腫れが潰瘍にならないよう手当てし、焼きごてを使って灸をすえたりもする。年取って乳を出さなくなり、弱って動けなくなったラクダは処分するしかないが、肉を細く切って干し肉を作り、骨髄を熱して油脂を取り、貴重な糧とした。

砂漠の逃亡生活

ラクダは夜間に放牧したら徘徊して遠くに行ってしまいかねないから、たたんだ前脚を縛ってすわらせておく。もうそろそろ解放してくれと、夜明け前のまだ暗いうちから、ラクダが催促のうなり声をあげる。ラクダは吠えると声が大きく、戦場では口を縛ることもあるくらいだ。ラクダの皮でできた黒いテントで眠っていた、少年期から青年期にかかる頃のアブドルアジズ（サウジアラビア王国の初代国王）は、ラクダの声で目を覚ましただろう。彼は幼時からリヤドのマスマク城で厳しく躾られ、夜明け前に起きて城内のモスクで礼拝する習いだった。父アブドルラーマンは、イスラム教の厳格な復古主義の教主（イマーム）でもあった。彼は何人も妻帯したが、アブドルアジズの母はダワーシル部族の首長スダイリ家の娘であり、息子は大柄で頑丈な体格に生まれ育った。

テントから出ると、何人か集まって夜明け前のお祈りをしていただろう。誰かが砂地に指でメッカの方角を示すしるしを描き、皆、それに向けて祈る。アブドルアジズも加わった。遊牧民たちは読み書きができず、コーランの章句をほとんど知らなかった。それでも彼らに、神は実在した。大自然の摂理に日々接して畏怖すると同時に、そこから生きる勇気を得ているのだった。[*136] 彼らは夜明け前の砂漠で祈りながら、神を身近に、おのれの頸動脈よりも近くに（コーラン第五〇章一六・一七節）感じ取ったのではなかろうか。ちなみに彼らが決して天気の話をしようとしないのは、神の領域に属することとわきまえていたからだった。[*137]

テントのそば、前夜の焚き火の跡では、乾燥したラクダの糞や枯れ枝に火がつけられ、把手の長いフライパンでコーヒー豆が炒られるのが毎朝のならわしだった。コーヒーは一三世紀にアラブ人により南スーダンで栽培が始まり、一五世紀半ばから焙煎法がアラビア半島にも広まった。[*138] 握って炒ったコーヒー豆を平たい木皿に敷いて冷まし、真鍮や白銅の合金製のすり鉢ですり潰す。握っていたすりこぎをときどき指先にはさんで、すり鉢の上縁で振ってチリリリンと音をさせる。たて長のポットにお湯がわくと、粉になったコーヒー豆とカルダモンを加える。カゴに入ったデーツが、集まった人たちに回される。コーヒーをいれた男はポットの把手を左手でつかみ、右手には掌に収まるような小さな陶器を五つほど持つと、左手を高くあげ、ポットの突き出た注ぎ口から小さな陶器に器用にコーヒーを注いでは、順に手渡してゆく。デーツを食べ、何杯かコーヒーをお代わりして、遊牧民の朝が始まる。搾りたてのラクダの乳が運び込まれ、皆で回し飲みする。砂糖の入ったお茶も出され、焼かれたホブス（パン）が手渡される。トカゲの皮袋から取り出したバターをぬる。乾燥したチーズや干し肉のほか、粥が出されることもあった。

遊牧民たちは大きな声で話をし、議論はすぐに白熱化した。貪欲だがお人好し、辛抱強いがヒステリックで、勇敢だが臆病、誇りを傷つけられたり無視されたりしようものなら手がつけられないほど怒るが、機嫌を取り戻すと気前よく人懐こい。多くの矛盾した性質が極端な形で現れる男たち。アブドルアジズは観察していて、飽きることがなかったろう。

リヤドのマスマク城で暮らしていた頃に彼を取り巻いていたのは、厳格なイスラム法学者と武将たちだった。砂漠の戦士として長刀と銃を扱う武術を習い、馬とラクダを乗りこなし、砂漠で寝起きし、少ない水と食料で幾日も過ごす厳しい訓練を彼は受けていた。[*139] アブドルアジズはムッラ族と生活するうちに、襲撃（ガズウ）に参加することもあったそうだ。[*140] 実戦に参加するのはそれが初めてだったろう。

砂漠の地平線に昇る太陽を見て、アブドルアジズは何を思っただろう。サウード家の復権と領土の回復を悲願としながら隠忍自重する父と、彼は熱い思いを共有したことだろう。

ムッラ族のなかで暮らす限り、危険はなかったかも知れない。ラシード一族とシャンマル軍はリヤドを制圧してネジドの北から中央まで治めていたが、南下してムッラ族の領域を侵犯してまでサウード一族を襲うことはなかっただろうからだ。が、警戒心は怠らなかったと思われ、家族はいくつかに分かれて一個所に留まらず、遊牧民とともに移動する暮らしであっただろう。

クウェートの食客

サウード家の父子一家をあずかったムッラ部族のショアイミ一族は、一九世紀にハサ（半島東部）に武力進出して以来、同地域のホフーフに駐屯するオスマン帝国の軍隊と接点があった。ショアイミ一族を通してオスマン帝国が、サウード一家を手助けしたいと提案してきたが、リヤドにオスマン軍が駐屯することが条件だと聞いて、サウード家家長のアブドルラーマンは拒絶した。オスマン帝国は手を変えて、今度はクウェート首長のサバハ家から一家に対して保護を申し出させた。うしろでオスマン帝国が資金援助することは内緒にしてだ。オスマン帝国はネジド（半島中央）に関心が薄いはずなのにどうしてそこまでサウード家に肩入れするのかというと、彼らはハサ（アラビア湾の沿岸地域）に利権を持っており、ネジドで強大になったラシード家が増長して侵犯して来るのを牽制するために、サウード家を利用しようと考えたのだ。[*141] クウェートの首長サバハ家もまたサウード家と同じバニー・ウトーブ族の出自であり、サウード一家はクウェートの申し出を受けてその食客となったが、ほどなく事情を知ってアブドルラーマンは激怒した。それを聞いたオスマン帝国は資金援助を打ち切ったから、一家は貧窮した。このクウェートで、アブドルアジズは青年期を迎えた。

クウェートは活気に満ちていた。内陸のリヤドと違い、アラビア湾に面した貿易港である。アラブ人、ペルシャ人、ユダヤ人のほか、インド、アルメニア、トルコ、ヨーロッパなど世界各地から来たいろんな人種と、商人や手工業職人、船乗りや船大工、真珠取りのほか、怪しい職種を含めていろんな職業の人たちで町はあふれ、そんな港町らしく、奇計と悪徳の巣窟でもあった。青年アブドルアジズは町の生活から学ぶものが多かったが、それ以上に彼はここで政治を学んだ。サバハ家の当主でクウェート首長だったムハンマドが弟のムバラクに殺害されるクーデター（一八九六年）が起きたが、新たにサバハ家当主となってクウェート首長に就いたムバラクが、アブドルアジズを気に入って身近に置き、自分の執政を間近に見せたのだ。ヨーロッパの勢力争いがクウェートにも及ぼうとする外交の舵取りが難しい時代だったが、長くボンベイ（インドのムンバイの旧名）で放埒な生活を送っていたムバラクは、時代を読み、外交交渉する能力を備えていた。

ここでいうヨーロッパの勢力争いとは、一九世紀の海洋交易をほぼ独占していた大英帝国と、一九世紀後半になって勃興してきた帝政ドイツとの利害衝突である。大英帝国にとりアラビア湾は、一大植民地であるインドとの間の要衝であるばかりか、イラク地方に油田という新たな利権を開拓する橋頭堡でもあった。英国に対抗して東方進出を企図するドイツは、オスマン帝国と協力関係を築き、コンスタンティノープルからシリア、バグダードを経てクウェートに至る鉄道を敷設するという、大きな戦略を進めようとしていた。そこに帝政ロシアまでもが関心を示したから、クウェートは帝国主義列強の思惑が交錯する焦点だった。そもそもクウェートは一七世紀頃からオスマン帝国の支配下にあったが、一八世紀半ばから首長（アミール）として統治を始めたサバハ家はオスマン帝国を嫌っていた。首長のムバラクは、オスマン帝国の宗主権は認めながらも一方でイギリスと手を握り、ついにはイギリスと保護条約を結んだ（一八九九年）。

ムバラク首長は巧妙に外交関係を続けたが、イギリスとの提携に気づいたオスマン帝国は怒ってラシード家をけしかけ、軍備と資金を提供してクウェートを襲わせた。クウェートは常備軍を持たなかったため、ラシードに不満を持つ近隣の部族であるムッラ、アジュマン、ムタイル、ムンタフィクらの援軍を頼んで主力軍とし、交戦した。アブドルアジズも参戦し、別働隊としてリヤドを南から襲撃しようとしていたところ、クウェートの主力軍がムンタフィク軍の逃亡とアジュマン軍の寝返りにあって大敗してしまい、アブドルアジズはクウェートへ退散するしかなかった。勝ち戦の勢いに乗ったラシード軍は、クウェート側に組みした村を次々に襲い、懲罰的に家々を焼き払って村民を処刑しながら、クウェート近くまで迫ってきた。そのときだった。イギリスの巡洋艦が一隻、港に現れた。イギリスは地域紛争だと見てそれまで手出しせずにいたが、クウェートが落ちたらドイツが出て来るのが明かだったから、乗り出すことにしたのだ。ほどなく休戦になり、ラシード軍は引き返した(一九〇一年)。

リヤド奪還

クウェートの人たちは安堵しただろうが、アブドルアジズはおさまらない。リヤドを奪還する絶好のチャンスだったのだ。ラシードの横暴に耐えかねたネジドの住民が加わってくれて、いざリヤドへ攻め入ろうとしたところで、引き返さざるを得なかった。こんな生殺しの状態ですごすごと無為徒食の難民暮らしに戻るなんて耐えられない。彼はリヤド奪還を計画し、支援を求めて回ったのだが、ムバラク首長も英国人も相手にしてくれなかった。こうなったら有志だけで実行するしかない。ある秋の夜、弟やいとこら三〇人と出発した。

アブドルアジズに率いられた一行は、アジュマン族やラシード軍の宿営地をベドウィンのように襲撃して掠奪し、村落の住民や遊牧民を味方につけようとしたのだが、うまくいかなかった。人々は終わったばかりの戦争の、特にラシード軍の凶暴な強さを生々しく記憶していたから、報復を恐れるあまり、この少人数の若者たちに加担しようとしなかった。一行の動きを警戒して、アジュマン族やラシード軍、さらにはオスマン帝国軍が捜索を始め、討手を繰り出そうとしたから、アブドルアジズはかつてムッラ族と暮らした空白地帯すなわちルブアルハリ砂漠のなかに姿をくらました。所在場所が見つからないよう、火はたかずにデーツと固いチーズなどで食いつなぎ、ラクダの足跡を消し、細心の注意を払った。少人数でリヤドのラシード軍に勝つにはどうすればいいか、考え抜いた。

その年のラマダン（断食月）は一二月半ばに始まり、翌一九〇二年の一月一〇日に終わった。ラマダン明け四日目の夜、アブドルアジズはリヤドの南東、ハルジュ近辺の水場でラクダに水を飲ませてから、リヤドに向けて出発した。総勢は六四人になっていた。月齢はまだ三日月、冬場は薄く雲が空をおおうことが多いから、闇夜に近かったことだろう。

リヤドはおよそ六百×六百平米のいびつな四角形をしていて、二メートルほどの高さの壁で囲まれ、九つの門があった。アブドルアジズの軍勢は郊外のナツメヤシの林でラクダを降り、ラシード軍の見張りにみつからないように注意しながら、ヤシの古木を使って少人数だけが壁を乗り越え、マスマク城に近づいた。マスマク城はおよそ百×二百平米の横長の長方形で、一〇メートルを越す城壁に囲まれ、出入口は小さな木戸が正面と裏にあるだけだった。住民から情報を集めたところ、城内にはラシード軍が八〇人以上駐屯し、司令官アジュランは城で夜を過ごすが、明け方、自宅に帰るために木戸を出るとわかった。アブドルアジズらは民家にひそんで夜明けを待った。そして、木戸が開いて現れたアジュランを急襲して討ち取り、城内になだれ込んで戦闘ののち、ラシード軍を降伏させた。*[142]

奇襲に成功したアブドルアジズは、すぐさま反撃に備えなければならなかった。ラシード軍本体は数千人もの規模であり、武器も軍馬もラクダも十分揃えている。これに対抗できる人数を至急かき集めて軍勢を整えなければならなかった。リヤドの住民はラシード軍の猛烈な逆襲を予想して戦々恐々とした。

父アブドルラーマンはサウード家の首長の座を息子に譲り、自分はイマーム（教主）としてサポートする体制を敷いた。アブドルアジズはリヤドの守備体制の強化を父と弟に任せ、自らはネジド（半島中央部）を行脚して兵を募った。部族民はどこも、サウード家の行く末を案じて協力を渋ったから、強大な敵軍と戦えるような兵力は集まらなかった。籠城戦は不利と判断したアブドルアジズは、南の平地で敵軍と対決する戦術を取った。この情報に接したラシード軍はリヤド攻城をあとに回し、野戦に応じるため南下して来た。

ラシード軍がリヤドの南東約八〇キロのディラム近くで夜営するとの情報を、サウード軍の偵察隊がつかんだ。アブドルアジズはディラムから百キロ以上南の村で、ようやく千人ほどを集めたばかりだったが、情報に接してすぐに出発を命じた。一行が西へ向かうと見せかけたのは、ラシードに内通する者がいるかも知れないと警戒してだった。しばらく行ってからアブドルアジズは北へ方向を変えた。新月が近い闇夜だった（一九〇三年一月末）が、夜通し急行した。途中でラクダが衝突して重なり合う事故が発生し、アブドルアジズも巻き込まれて下敷きになり負傷したが、激痛に耐えながら朝までにディラムへ到着した。アブドルアジズは民家で床に伏して介抱を受けながら、兵をナツメヤシの樹林の中に配備した。一群が待ち伏せしていると知らず、ラシード軍は昼になって樹林に現れた。当時の銃は命中精度が低く、連発もできない。敵軍を十分に引き付けてから、一斉射撃した。

潰走する敵軍を、アブドルアジズは先頭に立って追撃した。圧勝だった。サウード軍の攻撃能力がラシード軍の予想を上回ったのは、クウェートの商人が武器を支援していたからだった。この戦勝のおかげで、アブドルアジズはネジド南部の住民の信頼と支持を勝ち取ることができた。

戦争は続いた。本拠地のハーイルまで退散したラシード軍はすぐさま態勢を建て直し、サウード家を支援したクウェートに向けて出撃した。しかしそれはサウード軍をおびき出すための陽動作戦だった。アブドルアジズに率いられたサウード軍がクウェートに向けてリヤドを出発したと聞くと、ラシード軍は方向転換し、手薄になったリヤドを襲った。それを知ったサウード軍はリヤドに戻らず北へ向かい、敵の本拠地ハーイルを襲った。これを聞いたラシード軍はリヤド包囲網を解いて退散した。この戦勝で、アブドルアジズはリヤドの北方にも勢力圏を広げることができた。

一九〇二年から翌三年は旱魃と飢饉の年だったが、一九〇四年、オスマン帝国がバスラとメディナに駐屯するトルコ軍をラシード軍の援軍に送り込み、戦争が本格的に再開した。ネジド北部の要衝ブライダを奪還しようと攻め込んできたトルコ軍とラシード軍は、軍備も資金も人数も豊富だった。サウード軍は戦闘で敗退し、アブドルアジズは左手中指を失い左膝を怪我した。しかしアブドルアジズは怪我をおして諸部族の協力を求め、援軍をまとめてトルコ軍の宿営地を急襲することで、彼らをバスラまで追いやることに成功した。

オスマン帝国はサウード軍との戦争の継続をあきらめ、休戦協定に応じた。この頃オスマン帝国はイエメンの反乱やシリアの独立運動など、領土内で混乱を多数抱えていたためだった。この協定により、アブドルアジズはひとまずネジドの支配権をオスマン帝国に認めさせることができた（一九〇五年）。

部族民を治める

サウード家の再興を果たし、リヤドを中心に支配圏を拡大しつつあったアブドルアジズは、さまざまな部族民をいかにして味方につけるかに腐心した。戦争で彼らがまとまることがあっても、それは一時的に過ぎなかった。自分の部族や血族の利害を優先し、戦争に際しても、勝てると見れば参加して掠奪に興じるが、負けそうならさっさと立ち去った。いったんはサウード家に忠誠を誓っても、容易に裏切る。独立心と自尊心の強い彼らは、命令や抑圧されるのを嫌った。アブドルアジズは裏切って敵方についた部族や住民に対して、容赦せず力で押さえ込み、無慈悲に処分することによって、わからせなければならなかった。

遊牧民は古くからの伝統に従って、襲撃や掠奪が自分たちの権利だと信じていたが、アブドルアジズは認めなかった。為政者たる者、恭順する人々に対して安全と平和を確保するのが務めである。アブドルアジズは遊牧民に対して盗賊行為を禁じた。禁を知りながら破ったムッラ族の一氏族を処刑した。その一方、彼は町や村にあっては、公正な為政者たろうとして民衆に接した。リヤドではマスマク城の前の広場で、行軍中にあっては村のモスクの前で、それぞれ頻繁に民衆に対面した。アブドルアジズに直訴したい人たちや、この若い為政者に直接会ってその人となりを検分したい人たちが、その場に大勢集まった。

あらゆる問題、たとえば牧草地の使用権、土地の境界設定、灌漑水路の使用権、ラクダの所有権、殺人、強盗、傷害、盗難、損害賠償、その他さまざまな事件や苦情について、民事・刑事を問わず、彼に調停や処断が求められた。まさに部族の長が果たしてきた務めだった。イスラム法(シャリーア)に基づく判断が求められ、為政者の公正、寛大、厳格さといった人徳が試された。

刑事事件に対する処分はことさら注目されただろう。被害者と被疑者双方の言い分を聞き、証拠を検分し確認したら即断が求められた。悠長に刑務所に収監したりなどせず、処罰は隣接して設けられた処刑場で即座に実行された。アブドルアジズのそばには警護員のほかに、刑罰執行人が刀を持って控えていた。凶悪な殺人犯は斬首刑に処したが、被害者家族が血讐（同害報復）を求めない場合は、金銭の額や家畜の頭数といった賠償（血の代償）が妥当かどうか裁定した。窃盗事件の場合は情状を問わず処刑した。刑罰執行人が犯人を広場の中央に連れて行き、初犯なら右手を、再犯なら左手、累犯なら右足、左足の順で切り落とし、処刑の痕を高く持ち上げて周囲に見せたあと、傷口を熱した油に漬けて止血し、介抱させた。アルコール飲料を持ち込んだ男は棒打ちや鞭打ちに、姦淫を犯した者に対しては半身を砂に埋めて石打の刑に処した。

集まった人々は彼の知恵、常識、勇気を注視し、彼の裁定と処置が公正か適正かを吟味した。アブドルアジズにしてみると、衆人環視のもと、もし判定に誤りや不当を疑われることがあれば、為政者としての信頼を失いかねない。民衆に税を払わせ徴兵に応じさせるためには、政治に対する信頼がなければならない。信頼を失い続けると、裏切りや騒動だけでなく反乱にまで発展する。アラブ社会の専制君主というのは、武力だけで成り立つものではないのだ。

こうして町や村の定住民から信頼を得たとしても、まだ足りなかった。多数を占める遊牧民は、いつどこにいるのかとらえどころがなく、部族や氏族によって分裂し、衝突し、あいかわらず盗賊行為をやめず、サウード家に対して忠誠どころか気まぐれで、反抗し、ときには反乱を起こした。彼らをまとめられなければ、国造りができないのは明らかだった。

遊牧民に遊牧生活をやめさせて定住させる画期的なアイデアが生まれた。具体的には、井戸のある土地に入植させて農耕に従事させることだ。イスラム教の教化によって、神を信仰する共同体の同胞意識を醸成し、それを部族や血族の絆よりも優先させる。サウード軍の一員として軍事訓練を受けさせる一方で、部族同士の襲撃と強奪や復讐を禁じ、その闘争心を外に向けさせる、というものだった。イスラム教の教化のためには、宗教指導者たちが組織的に動員されなければならなかった。彼らは初め抵抗したが、厳格な復古主義者でイマーム（教主）である父アブドルラーマンは、息子の政策の推進に支援を表明した。アブドルアジズ自身、宗祖シャイフの後裔であるアッシャイフ家と婚姻関係（三番目の妻は宗祖シャイフの八代目の子孫で、後のファイサル国王の母）を結んでいた。イスラム教指導者たちは協力要請に応じ、活動を開始した。井戸があってナツメヤシが生えているだけのような貧弱な土地が選ばれ、実験的に定住計画が始まり、開拓村ができて、徐々にではあるがそんな村が増えていった。村にはモスクが建てられ、管理人と説教師が配置されて指導がなされ、学校もできた。遊牧民は長くイスラム教から遠ざかり信仰心は衰えていたが、その素地があり、新たな宗教指導を受け入れた。神のもとに結束する同胞をイフワンと呼んで、遊牧民にはイフワンの村への遷移（ヒジュラ）が勧められた。一七部族が二〇〇〇個所もの定住地に住み、ネジドの住民の三分の一が定住化した。[*143] 特定の部族がひとつの村に集まって、村ごとに部族が分かれてしまい、当初の目的である部族の絆を断つというわけにはいかなかったが、遊牧民の定住は進んだ。遊牧民は農耕作業のような労働を見下して不熱心だったが、軍事力は向上した。厳格なイスラム教復古主義に新たに感化されたイフワンたちのなかには、狂信的な傾向すら生じた。

領土奪回に向けて

広大な領土を持つオスマン帝国だったが、ヨーロッパ列強に干渉されて、各地で紛争を抱えていた。イタリアとのリビア戦争、第一次バルカン戦争に続けて敗北し（一九一二年）、オスマン帝国の衰勢はアラビア半島においても明らかになった。先述の通りアラビア半島の沿岸部にオスマン帝国は利権を持ち、そのためハサ（半島東部）ではホフーフに軍を駐屯させていたのだが、これが手薄になっていた。アブドルアジズはここを襲撃してオスマン軍をバスラまで追い払い、カティーフとオカイル両港を奪取して、ハサの実質的な支配権を手に入れた（一九一三年）。サウード家はこれにより、アラビア半島の中央部から東部まで領土を回復した。

一九世紀にアラビア半島を制覇したことのあるサウード家にとり、領土奪還の次のターゲットは、メッカとメディナの二聖地があるヒジャーズ（半島西部）だった。だが、この地には長い歴史がある。預言者ムハンマドの死後、正統カリフの時代があり、その後イスラム政権の中心はメディナからダマスカス（ウマイヤ朝）やバグダード（アッバース朝）に移り、その後、この地はカイロのイスラム王朝に支配され、一六世紀からはオスマン帝国の支配下に入っていた。支配者がこのように変遷した一方で、実際の統治は十世紀頃から、預言者ムハンマドの子孫の家系であるハシム家が、メッカの太守という立場で、半自治的に実施してきた。一九〇八年、オスマン帝国はメッカの太守、すなわちヒジャーズ（半島西部）の総督として、ハシム家のフセイン・イブン・アリ（以下、メッカのフセインと呼ぶ）を任じた。彼は野心的な人物で、リヤドのイスラム教厳格復古主義宗派を嫌っただけでなく、サウード家と領土を争った。フセインとその息子たちは、このあと特異な歴史的役割を果たすことになる。

石炭を利用していち早く産業革命を起こしたイギリスは、石炭から石油への転換にも早くに着手した。二〇世紀初めにはガソリン自動車の利用が始まり、一九一一年からは戦艦の燃料を石炭から石油に転換する改革が、ウィンストン・チャーチル海軍大臣の下で始められた。石炭焚きに比べて重油焚きの戦艦は格段に性能が上昇し、速度が増して活動範囲が広がった上に、燃料補給が容易だった。イギリスは石炭産出国だったが石油資源はなく、そのためメソポタミア南部の油田を確保しなければならなかった。そんなイギリスに対抗して、帝政ドイツは急激に工業力を発展させ、中国や南太平洋にまで植民地を求めて進出し、建艦競争でイギリスに次ぐ海軍力を構築して急追していた。*144 オスマン帝国は広大な領土の各地で紛争を抱え弱体化していたが、ドイツはそんなオスマン帝国と同盟を組んで、イギリス、フランス、ロシアの利権に対抗しようとした。ドイツは鉄道敷設を梃子に中東へ進出を図っていたが、それはイギリスにとり、植民地からの物流と石油調達に対する妨害を意味した。イギリスは帝政ドイツとの戦争が不可避だと見て、軍備増強を進めていた。

このような情勢下、ボスニアのサラエボで起きた事件（一九一四年六月）はヨーロッパ内の武力衝突だけに収まらず、世界規模の大戦争へと発展し、遠く離れたアラビア半島にも及んだ。アブドルアジズは中立を保とうとしたが、そうもいかなくなる。その年の冬にはイギリス軍がアラビア湾奥に上陸した。これに対抗して、オスマン帝国軍はイギリス軍と対戦するだけでなく、ラシード軍と組んでネジドへ向けて南下してきた。迎撃するサウード軍はイフワン兵や諸部族の騎兵を組み入れて白兵戦に挑んだが（ジャラブの戦い＝一九一五年一月）、サウード軍が敗勢だと見たアジュマン族が裏切ったため総崩れになってしまい、観戦していたイギリス領事が戦闘に巻き込まれて死んだ。ラシード軍が一時休戦に応じたすきにサウード軍は態勢を建て直し、アジュマン族を追ったところ、逆に待ち伏せに会い、アブドルアジズは自身も撃たれたが、弟サドが戦死した（カンザンの決闘＝同年六月）。これを知ったラシード軍が休戦を取りやめて参戦に転じたため、戦争は長引くことになった。

　ある日アブドルアジズはアジュマン族に夜襲をかけた際、近距離から撃たれて太腿を負傷した。司令官が負傷して指揮を取れなくなったという危急の事態に、サウード軍は動揺した。さらには、味方だったはずのクウェート軍が前触れなしにアジュマン側に寝返ったため、サウード軍は浮き足だった。アブドルアジズは自軍の、特にイフワン兵の動揺を抑えなければならなかった。彼は一計を案じ、宿営地の村長に所望を伝えてそこの村娘と祝言を挙げたのだそうだ。[*145] 新婦が乙女だったと、ほどなく身内から村人を経て兵士に伝わったのだろう、司令官の超人性にサウード軍は一躍奮起し、戦闘を継続したという。

イギリスの保護条約

イギリスは第一次世界大戦を戦う戦略上、サウード軍が引き続きアラビア半島の中部・東部でオスマン帝国軍・ラシード軍に対抗することが必要だと判断し、サウード家に武器と資金を供与することにした。そのため交わされた保護条約（一九一五年末）には、サウード軍はイギリスの同盟者を攻撃してはならないとの条件もついていた。この時点ですでにイギリスは、のちにアラブの反乱と呼ばれる大きな作戦を準備していたのだが、アブドルアジズは知らされなかった。世界中がそれを知って驚くのは、翌年の六月だ。メッカの太守フセインがオスマン帝国に対する反乱と、ヒジャーズ（紅海沿岸）における独立王国の樹立を宣言したのだ。イギリスの計略だった。カリフを称するオスマン皇帝が聖戦を宣言したのに対抗して、イギリスはイスラム教徒の植民地兵を戦わせなければならず、そのため預言者ムハンマドの子孫であるメッカのフセインを旗印に立てたのだ。イギリスはフセインに対して、反乱の見返りにアラブの独立を認めると約束したが（フセイン＝マクマホン書簡、一九一五年七月〜翌三月）、その一方でフランス、ロシアとオスマン帝国領土の分割を約束し（サイクス＝ピコ協定、一九一六年六月）、その秘密協定はロシア革命後の混乱時に暴露されてしまった（一九一七年末）。またイギリスは、ユダヤ人の郷土をパレスチナに建設すると約束した（バルフォア宣言、一九一七年一一月）。絶対に負けられない戦争だったから、あらゆる手を講じたのだろうが、アラブ王国を夢見ていたメッカのフセインは、イギリスの三枚舌外交を知って激怒した。

アブドルアジズはいつか機会を見つけてヒジャーズに攻め入り、この地を再びサウード領にしようと企んでいたのだが、イギリスと交わした保護条約に縛られた、つまり、イギリスの同盟者になったメッカのフセインと争うわけにいかなくなった。ヒジャーズに対するアブドルアジズの野望を知るイギリスは彼をバスラに招き（一九一六年一一月）、戦闘機や機関銃など最新兵器を見せてから、メッカのフセインに協力するとの言質を取った。

第一次世界大戦が終結する年（一九一八年）、スペイン風邪と呼ばれたインフルエンザが世界中ではやり、死者は一億人を超えたと言われる。感染はリヤドにも及び、アブドルアジズは妻ジャウハラと最初の息子トルキを失った。彼は生涯に百人以上と結婚して諸部族と婚姻関係を結んだが、ジャウハラは最愛の妻であり、妻子の死に接してひどく落ち込んだそうだ。

顕在化する国境問題

遊牧民が自由に往来する中東地域には、支配圏や勢力圏という意味での領土の認識はあっても、明確な国境はなかった。だが、オスマン帝国の崩壊が現実化すると、その領土の分割が議論され、国境の制定が必要になった。砂漠地帯にあっては、特定のオアシスの町村に対する支配権を誰が持つか、という形で国境紛争が顕在化する。アラビア半島でも国境紛争が勃発した。

ヒジャーズ（半島西）の国王になったメッカのフセインの方から先に仕掛けてきた。メッカの二五〇キロほど東にあるクルマ村は農耕と果樹栽培が可能なオアシスであり、ネジドの遊牧民とヒジャーズの商人が交易する場所でもあったが、そこをフセインの軍が襲撃した。これに対して近隣部族から成るイフワン軍団が反撃し、フセイン軍を追い払ったのだが、フセインに要請されて仲介に入ったイギリスは、アブドルアジズに対してイフワン軍の撤収を要求した。イギリスは大戦に勝ったあとも戦略上フセインを必要とし、フセイン保護のためには軍事介入も辞さないとの強硬な態度を取った。アブドルアジズのまわりでは、背教徒フセインを討つべし、異教徒のイギリスに譲歩するな、と聖戦を求める声が強かったが、彼はそれを抑えてイギリスの要求に従った。アブドルアジズは普段は感情豊かな男だったようだが、国の指導者としては驚くほど冷静だった。血気にあふれる部族長や宗教指導者が、ややもすると狂信的な激情を伴って決起を促しても、彼は聞かず、自重することを選んだ。国の命運を決するであろう政治や外交の方針に対して、彼は周囲の口出しを許さなかった。オスマン帝国の支配が消えて世界の勢力図が変わる、まさに時代の転換期だった。新しい秩序や体制が客観的に具体的に見えないうちに、主観的な心情や宗教的熱情に基づく判断で軽挙妄動するのは危ない、と悟っていたに違いない。このあともフセインの軍とは小競り合いが続いて、クルマ村の南百キロのトラバで衝突したときにはフセインの軍一万四千を蹴散らしたが（一九一九年五月）、このときもイギリスが介入すると、アブドルアジズはイフワン軍を引き揚げさせた。

国境問題は東のクウェートとの間でも発生した。敵対するクウェートを二度に渡る戦闘でイフワン軍団は叩きのめしたが（一九二〇年）、クウェートの背後からイギリスが介入したため、アブドルアジズは軍を撤退させざるをえなかった。しかし翌年、クウェート首長が代替わりして友好関係が回復されたため、国境問題は解決した。

アラビア半島南のアシール地方は、オスマン軍が去ったあとの空白に対し、メッカのフセイン軍とアブドルアジズのサウード軍が介入して戦闘を交わした末、サウード軍が平定した（一九二一年）。

半島北のラシード家はどうしていたかというと、彼らはメッカのフセインと通じ、さらに北方のイラクにいるイギリスとも通じていたため、アブドルアジズは敵対するわけにいかなかったが、そのラシード家で内紛が発生した（一九二一年）。サウード軍が小手調べに攻撃してみたが、ラシード軍の抵抗は少なかった。ラシード配下のシャンマル族に対する調略が奏功して、離反する氏族が相次いでいたのだ。加えて、ラシードを援護するはずのメッカのフセインもイギリスも、第一次大戦後の領土分割によって生まれたイラクとヨルダンの内政が混迷状態に陥り、兵を動かせる状態になかった。好機と見たアブドルアジズは、イフワン軍団に加えて町や村の定住民からも遊牧民からも参戦者を募り、一気にハーイルに攻め入り、ラシード家を滅ぼしてシャンマル地方を併合した。

ところがこの結果、新たな境界問題が生じた。戦勝の勢いに乗ってイフワン軍団がシャンマル地方からさらに北へ攻め上り、オアシスのジャウフと渓谷のワディ・シルハンに至った。イフワン軍団はまるで七世紀のイスラム軍のように沸き立ち、国境の認識がないまま、領土国家として建国されたばかりのイラクとヨルダンに侵攻し、ベドウィンの本性に戻って殺戮と強奪を行った。怒ったイギリスはこれを近代兵器で完膚なきまで叩きのめした。すぐさまアブドルアジズはイギリスと会議を重ね、遊牧民のための中立地帯を含めた国境画定に合意した（オカイル協定、一九二二年一二月）。しかしメッカのフセインが横槍を入れ、このあと国境問題は紛糾し、それに対するイギリスの介入は、アブドルアジズにとって不利で屈辱的なものだった。メッカのフセイン軍とはこのあとも不穏な関係が続き、アブドルアジズは忍従を強いられる状況下、丹毒にかかって左眼の視力を失った。

ヒジャーズの奪還

メッカのフセインはイギリスのおかげでヒジャーズ王国の国王に就いたものの、アラブ地域全体をカバーするアラブ国王になる夢はかなわなかった。オスマン帝国の領土のうちアラブ系民族が居住するシリア地域はイギリスとフランスの間で分割され、イラクとヨルダンとパレスチナはイギリスの、シリアとレバノンはフランスの、それぞれ委任統治下に置かれた（一九二〇年）。フセインの三男ファイサルは初めシリア王に就いたが、フランスが受け入れなかったためイラク王に移り、一方で次男アブドラはヨルダン王となった。イギリスなりにフセインのため大戦中の約束を守ろうと努力したのだ。フセインは満足しなかったが、イギリスは大戦による人的財政的な疲弊と戦後の経済不況に苦しみ、それ以上フセインの要求に応えることができなくなり、ついにはパレスチナの扱いをめぐって両者の関係は破綻してしまう。

イギリスの援助を失ったフセインはヒジャーズ王国の内政にも失敗し、民心は離れて行った。そんなときに、彼はカリフを自称し始めた。カリフについては、預言者ムハンマド没後にその後継代理人として四人（正統カリフ）がメディナで就いたあと、ウマイヤ朝とアッバース朝で世襲され、一三世紀にアッバース朝がモンゴル軍に滅ぼされて絶えていたが、オスマン帝国の皇帝が政治的な最高権力者＝スルタンであるに加えて最高位の宗教指導者＝カリフでもあるとして、（諸説あるが）一八世紀頃からカリフを称していた。オスマン帝国は大戦後に解体され、アナトリア半島（小アジア）で独立戦争を戦って共和国を建国したトルコ人は、オスマン王家のカリフを追放してカリフ制度を廃止した（一九二四年三月）。廃位されたオスマン帝国最後の皇帝は、メッカのフセインがカリフを名乗ることに賛同したそうだが、世界中のイスラム教徒から反発と非難が巻き起こった。アブドルアジズの足元でも、厳格復古主義の教徒の怒りは凄まじく、ついにフセインを討つときが到来したとアブドルアジズは判断した。彼はイフワン軍と町村の部族兵をまとめてメッカ、ジェッダ、メディナを攻撃させ、ついにヒジャーズ全土を制覇するに至る。イギリスが介入しないことを確かめながらだったが、イギリスは宗教的な内紛であると見なして、もはやフセインを援護しなかった。

ヒジャーズを平定する過程でアブドルアジズは、世界各地からイスラム学者の代表団をメッカに集め、一大会議を実施した。メッカとメディナはすべてのイスラム教徒にとっての聖地だから、統一見解に基づいて共同運営するべきだと考えたのだ。だが、会議では宗派に分裂して意見が対立し、批判と口論と非現実的な議論に終始し、敵対することはあっても意見がまとまることはなく、一年近く議論したが意見の統一と結束という理想は無理だと結論付けるしかなかった。

アブドルアジズはヒジャーズを平定してネジドとヒジャーズの国王に就任（一九二六年一月）した。彼はネジドではスルタン（君主）だったが、フセインを追い出してヒジャーズ国王に就き、ネジドとヒジャーズのマリク（国王）となった。

アブドルアジズ国王は再びイスラム教諸国の国際会議を招請し、七〇もの訪問団が参加したが、議論は前回と変わりなかった。しかしこのときまでに彼の腹は決まっていた。ほとんどの国が植民地や委任統治の状態にあるなか、そんな国に聖地の管理を任せるわけにいかない。運営のアドバイスがあれば聞くが、採用するかどうかは自分が決定する。責任を負って運営できるのは自分しかいないからだ。全世界のイスラム教徒が巡礼のため安全に訪れることができるよう、聖地の治安を維持し、あらゆる侵略から聖地を守護しなければならないが、それできるのは自分しかいないではないか。そう言って異論を抑え、会議を収束させた。

なお、国王に就任してからのアブドルアジズをイーブン・サウード、すなわち、サウード家を代表する唯一の人物との称号で呼ぶ歴史書が外国に多いが、サウジアラビア国内ではそうでもないので、本書も用いない。

内戦の終結

アブドルアジズは政治と軍事に対して周囲に口出しさせなかった。いくら聖戦だとか異教徒を撃てとか周囲が騒いでも、勝てない戦争はしない、現実的で冷徹な軍司令官だった。彼の信仰心からすれば、事の正否や勝敗を神に委ねて神に責任転嫁するわけにいかないとの信念だったのではなかろうか。彼はさらに宗教指導者の反対を押し切って、外国文化の導入と先進技術の採用を進めた。イスラム教学者の意見を尊重しはしたが、内政も外交も自分が最終決定する前提だった。

ネジドとヒジャーズの国王になったアブドルアジズに対して、一部の部族と部族長が執拗に不満を抱いた(ムタイル族のダウィシュ、アジュマン族のヒスレイン、オタイバ族のビジャドなど)。彼らはイフワン軍としてヒジャーズ制覇に貢献したにもかかわらず恩賞が少ないと不平を言った。メッカとメディナの治安維持という役務に甘んじていたが、それも新設された勧善懲悪委員会(宗教警察)に取って代わられ、軍隊組織は解消され、村に返されたのだった。彼らは狂信的だった。

異教徒の国イギリスとその委任統治下にあるイラクに対する聖戦を主張し、異教徒の異文化が生んだ新技術など排除してしまえとアブドルアジズに要求した。彼らはまた、アブドルアジズは弱腰で、イギリス寄り、キリスト教徒寄りだと非難した。

彼らの反抗は地方から始まった（一九二七年）。反乱軍はイラクとの中立地帯にある警察署を襲い、バスラ近郊の村へ侵攻して村民を殺戮し、隊商を襲って略奪し、クウェートも脅した。これに対してイギリスの戦闘機が空爆し、巡洋艦がクウェートに配備された。こうした反乱軍の扇動によって、ほかの諸部族が浮き足立ち、混乱は全土に広がりかねない深刻なものになった。イラクとヨルダンが派兵に動き出すと、反乱軍はこれら二国に対抗する代わりに、ネジド北部の村々や隊商を襲った（一九二九年初め）。アブドルアジズは反乱軍を容赦しなかった。イギリスの支援、具体的にはまず武器の援助を得て、次にイラク、ヨルダン、クウェートから干渉しないよう釘をさしてから、鎮圧に取り組んだ。最新兵器の利用、具体的には馬とラクダに加えて自動車で移動し、無線で連絡を取り合い、機関銃を使い、次々に反乱部隊を壊滅させた（一九三〇年一月）。

サウジ建国の頃（1930 年代）の銃。マスマク城の展示場にて

内戦の歴史はここで終わった。部族民の反乱はこれが最

後だった。王国は一九三二年にサウジアラビア王国に改称した。政府組織を整え、家父長的な組織から近代国家へと体制の転換をはかり、その一環として国軍と国家警備隊を新たに編成した。解散させられたイフワン軍の兵士のなかには、そうした軍隊に組み込まれた人たちもいたが、引き続き村で農耕牧畜に携わり定住を続けた人たち、定住をやめて遊牧民に回帰する人たちなどもいた。

サウジアラビア王国の建国史を読むと、部族民との折衝や戦闘が多くのページを占める。本書はその多くを割愛したのだが、書きながら考えさせられた。日本でもかつてベドウィンのような山賊や海賊がいたが、彼らを取り込み武力を増した豪族が、やがて武将として各地に割拠し覇を競うようになった。そこでは下剋上が頻繁に起きた。そんな戦国時代を終わらせた徳川幕府は、儒教（儒学）を用いて武士に主従関係の忠義を説き、そこに神道や仏教も加わって武士道が生まれた。庶民に対しては仏教を用いて、寺請制度による管理、宗門人別帖による登録を行った。多宗教が混在する国ならではの統治政策だ。

先述（第四章）の通りアラビアの部族民の場合、原始的な平等主義が精神構造の基本にあり、そこで生まれたイスラム教は絶対神の唯一性（タウヒード）と神への服従を説くかたわら、人は神の前で平等とした。こと忠義という点でコーランは、神と預言者の次に、権威を持った者に従えとする（第四章五九節）。ただ、度を越した者、害悪をなして改善しない者たちの命令に従ってはならないとし（第二六章一五一節・一五二節）、従わないだけで済ましたりせずに反抗しろというハディース（預言者ムハンマドの言行の伝承）さえあるそうだ。[*146] 歴史を見ると、初期のハワーリジュ派に始まって、抵抗運動や反乱が頻発してきた。為政者にとって、統治が難しい社会だ。部族を超えたイスラム共同体（ウンマ）の連帯意識がいくら尊重されても、また、為政者がいくら信仰心に厚く、人徳を備えて能力に長けた人物であっても、万人が納得する政策などあり得ないから、為政者は次から次へと現れる抵抗分子に対応しなければならないのだ。

　多宗教の思想を利用した日本はその後どうしたか。儒教道徳の忠義を推し進めた徳川政権は、儒教（朱子学）に古学・国学が混じって発達した尊王思想に倒されてしまった。新政府は国をまとめて西洋の帝国主義列強に対抗しなければならず、天皇主権の帝政国家の体制を作り（一八八九年、明治憲法）、一神教的な性格も持たせた（一八九〇年、教育勅語）。民主主義も取り入れたが対外戦争を重ねるうちに軍国主義がまさって、宗教は追従し、頑として勝てない戦争はしないというようなリーダーには恵まれず、国は破綻してしまった。アメリカ主導で国民主権の民主主義国家としてやり直し、今に至る。サウジアラビア王国との共通点は、現在の政治体制がまだ百年もたっていないことくらいではなかろうか。

　なお、コーランは主君への忠義よりも父母への孝行を強く説く（コーラン一七章二三節、二章八三節、三一章一四節）。それゆえに親子の絆は緊密である。特に母親への愛情が、アラブの人たちは濃いように私は見受けた。

アメリカとの関係

サウジアラビアの建国は、世界大恐慌の真っ最中だった。当時の主な歳入源は関税と巡礼者に課す巡礼税だったが、大恐慌と内戦により巡礼者は激減したから、国家財政は厳しい状況にあった。近隣国で油田が発見されて、サウジアラビアでも石油が出るだろうとの観測は以前から聞かれていたが、まだ地質調査が始まった段階だった。背斜構造という、地殻変動により強い圧力を受けて地層が波状に曲がって（褶曲）台地のようになった地形は、砂漠では見つけにくい。アラビア湾のバーレーンやクウェートで石油掘削を始めていた石油会社は、ダンマンの方角を見て、背斜構造がありそうだと想像していたらしい。

かつて若き日のアブドルアジズが数十人の少数部隊を率いてリヤド奪還に向かった夜（一九〇二年一月）、リヤド南東のハルジュあたりの井戸でラクダに水を飲ませた。その近く、リヤドまで約四〇キロの山裾に、アイン・ヒートという洞窟がある。石灰石から成る溶解洞だ。ゆるやかな坂を登って行くと、斜面に二〇メートルほどの裂け目が現れ、下をのぞくと緑色に濁った水面が見える。井戸というよりも地底湖だ。建国間もないサウジ政府に委託されてそのあたりで水源の調査をしていた技師は、水の層の下に硬い岩石層があって、それが背斜構造の上部であり、その下に石油が貯留されているだろうと予想した。巨大さを想像して総毛立ったかも知れない。油井の試掘が繰り返され、原油が高圧で噴出して商業量に達すると確認されたのは一九三八年三月だった。もっと早くに油田が発見されていたら列強の餌食になったかも知れないが、第一次世界大戦が終わってサウジアラビア王国が建国されたあと、第二次世界大戦が始まる直前だった。

ほどなく大戦が始まったが、石油の輸出どころか本格生産できる段階になく、巡礼者は激減し、ネジドを旱魃と飢餓が襲い（一九四〇年）、サウジアラビアの経済は壊滅的な危機に瀕した。援助したのはアメリカだった。世界一の石油生産国で輸出国でもあったアメリカは、早くにサウジ政府から油田開発の権利を入手していた（一九三三年。日本政府も一九三九年四月に外交団を送って石油の利権を打診したが話は進まなかった）。油田が発見されてからは原油の生産、製油所建設、油送管敷設など、次々に投資を進めた。

アメリカのフランクリン・ルーズベルト大統領がアブドルアジズ国王に会いに来た。まだ大戦の最中だったが、趨勢がほぼ決まった一九四五年二月、ルーズベルト大統領はクリミア半島のヤルタでイギリスのチャーチル首相、ソ連のスターリン書記長と戦後処理や新たな世界秩序について会談し、協定を締結したあと、マルタ島で巡洋艦に乗り換え、スエズ運河で停泊させて、そこにアブドルアジズ国王を迎えた。両者は石油の共同開発のほかに、米軍基地のための土地利用についても話し合った。アメリカとサウジアラビアの緊密な関係はここに始まった。

ルーズベルト大統領は目の前に現れたサウジアラビア王国の建国者から、強烈な印象を受けたようだ。一八八二年生まれの大統領は、年齢的には五歳若いだけだったが、歩んできた人生行路の違いを思って感慨深かっただろう。政治家一筋の人生を歩んできたルーズベルトと違い、長年戦場を駆けめぐって国造りを果たしたアブドルアジズは、巨躯ながら満身創痍、左目は失明し左中指はなく、腸骨に銃弾の貫通穴がふたつ、右脚に深い傷、そして両膝の関節炎といった障害のために歩行が困難であり、巡洋艦へ昇降するのがひと苦労だった。そんな国王に大統領は、自分が使う車椅子を寄贈した。あまり知られておらず、残された写真からも判別しにくいが、フランクリン・ルーズベルトは四〇歳を前にポリオ（小児麻痺）にかかって両足が不自由になり、車椅子と松葉杖が手離せなかった。そんな障害を抱えながら、戦時有事の特例としてアメリカ史上ただひとり四回も大統領に選出されたルーズベルト大統領は、心身ともに疲労が激しかったであろうし、事実、極度の高血圧が心配されていて、アブドルアジズ国王との会談のあと二カ月もしないで脳卒中で急死した。アブドルアジズ国王との会談は、大戦後の世界を見据えた彼の最後の外交でありレガシーだった。

ルーズベルト大統領に遅れて二日後、チャーチル英国首相もエジプトにアブドルアジズ国王を招いて会談した。カイロの西方の盆地ファイユームのホテルで行われた会談は映像が残っており、ユーチューブで見ることができる。ヴィクトリア朝、エドワード朝という世界に冠たる大英帝国の時代を生きてきたチャーチルは、第二次世界大戦を戦勝に導いた英雄であり、自信に満ちた応対をしている。長年にわたってイギリスとの関係に苦労してきたアブドルアジズ国王は、時代の変化、世界の主役の交代を見て取ったのではなかろうか。二〇世紀の後半、世界の勢力図はこのあとも変動し、サウジアラビアの外交も影響を受けるが、初代国王が築いたアメリカとの堅固な関係は絶えず基調に置かれた。

第二次世界大戦後、サウジ・アラムコ（アラビアン・アメリカン・オイル・カンパニー）に改称したアメリカの石油会社は、本格的に油田を探査して、ハサ（半島東部）に埋蔵されている石油の量は世界の半分に及ぶと発表した。ほぼ同時に同じ地域（ダーラン）でアメリカは、大規模な空軍基地の建設工事を始めた。

サウジアラビアが経済的に発展してゆくに連れて、遊牧民の暮らしも変化した。政府は戦争に使用できないようすべての馬を没収したが、*147 ラクダまで取り上げることはなかったから、遊牧民によってラクダの飼育は続けられたが、移動や輸送の手段としてのラクダの利用は、その後の道路の整備と自動車の普及によって減少した。近代化の波は次々と訪れ、政府の補助金がもらえたものの、遊牧の暮らしは先細りになった。石油施設で働く専門職を始め外国人労働者が増えることにより、町や村に定住した人たちでさえ、生活の変化を強いられていった。

アブドルアジズ国王は一九五三年に亡くなったが、彼の息子たちが後継国王として、サウジアラビア王国の歴史を刻み続けていった。私がリヤドに暮らした二〇〇一年から〇四年は、第五代国王ファハドの時代であり、政務を執っていたアブドラ皇太子は二〇〇五年から第六代目の国王に就いた。その時代に戻って、二一世紀のアラビアをこのあと考えてみたい。

第七章

襲撃事件・再び

サウジ政府の危機対応

二〇〇一年に九・一一事件が起きて以降、サウジ政府は内政・外交ともに大きな試練にさらされたが、その前にも二度ばかり、サウジ政府は試練を乗り切ってきた。

一度目は、一九七九年のイラン革命（二月）とイラン・イスラム国の建国（四月）だ。革命の余波はサウジアラビアにも押し寄せ、聖地メッカで反体制派勢力が聖モスク占拠事件を起こし（一一月）、東部州ではシーア派系住民が蜂起する事態が発生した（一二月）。混乱は武力で鎮圧されたが、政府は政策の見直しを迫られた。急進的な思想に対抗して、保守化の方向に見直しがなされ、イスラム教の教育カリキュラムが厳格化され、宗教警察の巡廻指導が強化された。

二度目は湾岸戦争だ。一九九〇年にイラクがクウェートに侵攻して戦争が始まり、多国籍軍がサウジアラビア国内に駐留した。これに対して、最高ウラマー（宗教学者）会議が容認の声明を発したので、宗教界権威のお墨付きが与えられた格好だったが、イスラム教の聖地のあるアラビアにキリスト教徒軍を受け入れるのか、どうして異教徒の手を借りなければならないのか、と不満に思う人が多かった。[*148] 反対を表明したのはウサマ・ビンラーディンのような過激派だけではない。国民の間からも、制度改革を求める嘆願が数度にわたってなされた。政府は統治基本法を公布し、諮問評議会を設置した（一九九二年）。統治基本法はこの国の憲法に代わるもので、イスラム法（シャリーア）に基づく王国の統治原則が定められた。諮問評議会は国会に代わるものとして、国王が任命する有識者一五〇人が国の重要問題を国王に助言し、立法の進言もする組織だ。コーランには協議せよとの記述があり（第三章一五九節）、諮問評議会の開設は初代アブドルアジズ国王の時代にも前例がある、イスラム法に沿った制度なのだ。

九・一一事件以降、海外からサウジアラビア社会の閉鎖性が批判され、民主化に向けた社会改革の必要性が指摘された。先述の通り首都リヤドでアルハムラ・コンパウンド爆破事件（二〇〇三年五月）が発生して、ようやく政府は改革に動き出した。事件後、国民対話会議というものが定期的に開かれるようになり、また前述の諮問評議会は、あいかわらず立法権はないものの、権限が拡大された。全国規模で地方評議会議員選挙を実施するための準備が始まった。国民からいくつも請願書が出状された。なかには立憲君主制への移行を求めるものもあったそうだが、その請願者は逮捕された（二〇〇四年三月）。

「民主主義はイスラム教信仰の一部だ」とアブドラ皇太子は発言した（二〇〇五年五月）。諮問評議会や地方議会や国民対話会議といった制度により民意を汲み上げているという意味だろう。民意を聞く制度は作るが、そこまでが民主化の限度だとも受け取れた。

アルコバールの襲撃事件

リヤドのアルハムラ・コンパウンド爆破事件のあと、私は大過なく暮らしていたが、一年たった五月二九日、今度は東部州の街アルコバールで、三件の同時多発テロ事件が発生した。

以前にもアルコバールでは、コバール・タワーという八階建ての居住用ビルが爆破され、米空軍の兵士が多く犠牲になっていた（一九九六年六月）。アルコバールに隣接するダーランには国営石油会社サウジ・アラムコの本社と空軍基地があるため、アルコバールには石油ガス関係や防衛関係の会社が多くの駐在員を置いていた。

二〇〇四年五月の新聞記事を元に、事件の経緯をたどってみる。

まず朝七時前に市内中心部で、石油関連企業のオフィスがあるビルが襲われ、アメリカ人ひとりとフィリピン人ふたりが犠牲になった。次に七時過ぎ、石油投資会社のコンパウンドが別グループに襲われ、住人が数人犠牲になった。この二件に対しては警察が駆けつけて応戦し、短時間で済んだ。ところが、このあと襲撃されたコンパウンドでは、侵入したグループが翌朝まで籠城して殺戮を行なうという、深刻な展開になった。

オアシス3・ヴィレッジというコンパウンドは市内の中心地にあり、高い塀に囲まれた敷地内には、二〇〇世帯以上の家族や単身者が二階建てのヴィラや中層階の集合住宅に住み、加えてホテル、レストラン、スパなどが併設されていた。

朝七時半頃、二チームに分かれたテロリストは、一チームが壁を乗り越えて侵入、もう一チームは正面から車で乗り付けた。正面ゲートは二重になっていて、厳重にセキュリティ・チェックが施される仕組みだった。具体的には、外側の第一ゲートを開けて車を一台入れるとゲートを閉じ、異常がないと確認したら内側の第二ゲートを開けて車をコンパウンド内に入れ、第二ゲートを閉めてから第一ゲートを開けて次の車を入れる、という手順だった。この日は土曜日だったが、当時この国では先述の通り金曜日だけが休みで、土曜日はいわば週初めだった。通勤通学のために出入りする車で混み合っていて、第二ゲートは開け放たれていた。

車中に潜んでいたテロリストは、車列に並んで第一ゲートが開くのを待ち、順番が来て入るやいなや、サンルーフから身を乗り出して警備員ふたりを撃ち殺し、後続していたスクール・バスに向けても自動小銃を撃ち、数人の子どもを殺傷した。車はそのままコンパウンド内に乗り入れた。

テロリストたちは二チーム合わせて一一人とされている。彼らは自動小銃のほかに自家製の爆弾も用意しており、自爆テロも辞さない計画だったが、侵入に成功してから、住人を個別に襲撃する方針に切り替えたという。

住友商事アルコバル事務所長の森毅史は五〇代前半、単身でこのコンパウンドに暮らして三年目を迎えていた。彼はパンパンと乾いた音が遠くでするのを聞いたが、特に注意を払わず、普段通り出勤の準備をしていた。社有車の運転手が八時前になっても来ないのを不審に思っていたところ、爆発音が聞こえ、銃声らしい音がすぐ近くで聞こえた。二階の窓のカーテンの隙間から外をのぞいた森が目にしたのは、戦闘服を着た男とトレーニング・ウェアを着た男が、脇にはさんだライフルらしいものを撃ち放っている姿だった。初めて見る光景に森は戸惑い、すぐには状況を理解できなかった。ヴィラが順に襲撃されているらしいと察知したときには、男たちは玄関から三〇メートルぐらいの距離に達していた。もはや外へ逃げることは不可能だと森は判断した。

ともかく急いで一階に降りた。窓が割れて、床にはガラスが飛び散っていた。森は玄関の鍵をかけ直し、水と食料と靴を持って二階へ戻り、ドアの鍵をかけた。籠城するつもりだったが、もしテロリストが侵入して来た場合、ヴィラの裏側の窓から木製の日陰棚に乗り移り、そこを伝って隣の敷地へ飛び降りる覚悟でいた。いつでも避難できるよう、パスポートや現金をナップザックに詰めた。

銃声は断続的に聞こえたが、幸いにもテロリストが彼のヴィラに侵入して来る気配は無かった。白人の女性が、逃げようとしたところを撃たれたのであろう、道路脇に横たわっているのがカーテンの隙間から見えた。カーテンが揺れたりしては危ないと思い、それ以上外を見ることはしなかった。

森は携帯電話で勤務先や日本大使館と連絡を取り合った。日本人の新聞記者から、様子を聞かせて欲しいとしきりに電話がかかってきた。コンパウンドの管理事務所や警備担当者と電話がつながり、しばらくしてからは、コンパウンドの外に配備された軍の特殊部隊の指揮官とも連絡が取れた。

「テロリストが何人いるかわからない。狙撃手が隠れていたり、爆発物が仕掛けられている可能性がある。だから、今すぐ救出活動を行なうというわけにはいかない」とその指揮官が説明し、森の理解を求めた。

普段親しくしている石油会社の駐在員から、森の携帯電話に電話があった。朝早く出勤した彼は、事務所に着いてから事態を知った。コンパウンドに戻ろうとしても周辺がロックアウトされて近寄ることができないが、ヴィラには妻子がいるのだという。困惑し切っている彼に対して、森は特殊部隊の指揮官とのやりとりを説明し、救出されるときは必ず家族も連れ出すと約束した。

森は自分ひとりだけ、窓から日陰棚を伝って隣の敷地へ逃げるわけにはいかなくなった。いったいいつになるかわからないが、軍の特殊部隊の救出活動を待つことで腹を決めた。

テロリストたちは居住地域を銃撃して回ったあと、コンパウンド内のレストランに集まり、殺戮を重ねた。そこにいた人たちの宗教を確認し、イスラム教徒なら生かしたまま人質にしたが、そうでないなら殺害した。そのあと、彼らはコンパウンド内のホテルに移動した。

事件発生から十時間以上が経過し、犯人たちはコンパウンド内のホテルに五〇人以上の人質を取って立てこもっていた。特殊部隊から森は、夕闇にまぎれて救出活動を行なうとの連絡を受けた。それが夜の何時頃だったか、彼はもう憶えていない。連絡通り玄関前に到着した特殊部隊の装甲車に彼は飛び乗り、運転する兵士に指示して一〇〇メートルほど離れたヴィラの前に駐車させ、石油会社駐在員の妻と三人の子たちを乗り込ませて、コンパウンドを脱出した。そして外で待つ人たちに妻子四人を無事に引き渡すことができた。

森はその晩、取引先のサウジ人の邸宅に泊めてもらった。ところがその近くでも夜中に撃ち合いがあり、彼は大きな鉄の扉の隙間から、銃弾が赤く光って飛び交うのを見た。銃声は市内のほかでも数か所から、遅くなってからも聞こえた。

深夜になって軍の特殊部隊はコンパウンド内のホテルを急襲した。地上戦に加えて、夜明けと同時に上空からもヘリコプターで部隊が投入された。テロリストたちは殺害され、あるいは逮捕されたが、何人かは逃亡に成功した。

この日の三件のテロで合計二二人が亡くなり、二五人が負傷した。このほかにも銃撃されたコンパウンドがあり、守衛らが十人以上死傷していた。

オアシス3コンパウンドでは事件後、被害の検証とともに、どこかにまだ爆弾が仕掛けられたりしていないか確認作業が行われた。警備会社に軍隊も加わって、コンパウンドは厳重に防御されることになった。森は再度テロリストに襲われる危険は低いだろうと判断し、三日後に自宅に戻った。

彼は襲撃されたいくつかのヴィラの様子を見て回って驚嘆した。彼の住居からほんの三〇メー

リヤドのコルドバ・コンパウンド

トルしか離れていない、ある日本人駐在員夫妻が住んでいたヴィラは、ナパーム弾か何かが撃ち込まれたのだろう、室内が真っ黒に焼け焦げていた。あの日、駐在員の夫は不在にしていて、家には夫人しかいなかった。フィリピン人サーバントの機転により、夫人は犬と一緒に、明かりも空調も無くて狭い階段下の物置に十時間以上隠れていて九死に一生を得たが、サーバントは撃ち殺されたらしかった。森がほかに見た住居でも、テロ攻撃によるものか、軍との銃撃戦によるものか、銃弾や爆発のあとが生々しく、ほとんどの窓ガラスやドアが破壊されていた。

　欧米人の家族は大半が帰国して戻って来なかったから、コンパウンドの中は閑散としてしまった。コンパウンド内のホテル、レストラン、そのほか施設は、従業員の多くが被害を受けたり辞めたりしたため、しばらく再開されなかった。事件の後遺症は長く続いた。

アルコバールに暮らす駐在員の間では、逃亡したテロリストが再び襲撃して来るのではないかという懸念が払拭されず、しばしば議論になった。もう来ないだろうという気もするのだが、そう言い切る自信が誰にもなく、結局、また起こると思ったほうがいい、という意見に収まるのだった。恐怖心が人々に植え付けられたという点では、テロリストの狙い通りだった。

外国人駐在員の多くが国外に退避した。隣国のバーレーンに住んで、朝夕コーズウェイを通って通勤することは可能だ。だがそうするわけにいかず、この地に住む事情のある人には、パニック・ルームあるいはセーフ・ルームと称する避難場所を家の中に作る動きがあった。それは厚みのある鉄板でできた四角い箱で、中に入って内側から鍵をかける構造だった。そこに逃げ込んでしまえば一定時間耐えることができるため、なすすべもなく殺されるような事態は避けることができ、被害を最少化できるというコンセプトである。森が見せてもらったパニック・ルームは非常に頑丈な造りで、家族を帯同している人にはある程度の安心感を与えると思えたが、彼は単身だったこともあり、注文しなかった。

新聞記事によれば、犯人たちはアルカーイダに通じていた。アルカーイダはアフガニスタンの拠点を失ってからも、人的ネットワークとして存続し、世界に対する脅威であり続けていた。外国人を標的としたテロ攻撃は、このような大がかりなもの以外にも、散発的にサウジアラビアで発生していた。彼らはこの国で働く外国人を襲撃し、施設を破壊した。

私は事件の報道を見るたびに怒りを感じていた。彼らの襲撃は、サウジアラビア政府とアメリカ政府に対する反抗らしかった。もしそうであれば、なぜ無防備な民間施設を狙って、そこで暮らして働いている人を襲うのか。外国人を襲って治安を乱せばサウジ政府が対外的に信用を失うという論理らしいが、イージー・ターゲットへの暴力行為が反政府活動だというなら、社会への不満を言い訳に女子どもを襲うのと変わらないように私には思える。彼らが殺戮を聖戦と呼び、ほかにもコーランの章句の一部を援用して殺人や破壊行為を正当化しようとするのは、宗教の乱用であり、正当化どころか宗教に殺人の汚名を着せ、犯罪を宗教に責任転嫁する背徳行為だ。世界中にイスラモフォビア（イスラム嫌い）を助長し対立を煽る狙いかも知れないが、支持されることはなかろう。私が学生だった一九七〇年代、共産革命とか世界革命とか称して無防備な一般市民を襲うテロ事件があった。犯行声明には共感できるような論理もビジョンも見当たらず、テロで革命を起こすという発想は身勝手で時代錯誤にしか思えなかった。

サウジアラビアの宗教界は当然ながら過激派のテロ行為を非難したが、非難はしてもテロを取り締まる力はなかった。所詮は信者個人の信仰の問題に帰着し、宗教的権威が信者の思考を矯正することはできないのだ。となると、宗教ではなく政治が厳しく取り締まってくれなければいけない。外国人だけでなく自国民も犠牲になっているのだ。国の治安維持は、軍や警察を持つ政府の役割だ。私はサウジアラビア政府が国の治安を確保してくれるよう期待するしかなかった。

酒とムシケラ・再び

アルコバールの森所長の話を聞いてからというもの、なぜここサウジアラビアに暮らさなければならないのかという、これまでにも感じていたがそのたびに無理に抑えつけていた重苦しい根源的な疑問が、心のなかで吹き上がるのを私は感じていた。本当に危なくなったら避難すればいいと人は言うが、事前予告なしに襲撃するのがテロなのだから、本当に危ないときはもう手遅れであり、避難のしようがないではないか。生命の危険を感じながら暮らさなければならない理由は何かを突き詰めて考えると、やり切れない思いがした。

そんなときに、ジョニ黒ウィスキーの闇屋のことを思い出し、久しぶりに購入しようと思い立った。あと数カ月で駐在期間が終わるはずであり、そうなれば浴びるほど飲めるのだから、もう少し辛抱していればよかったのだが、今思うと、魔がさしたとしか言いようがない。

例の男に連絡を取り、前回と同じく近くのショッピングモールの地下駐車場で、箱詰めにされた数本のウィスキーを現金と引き換えに入手した。直ちにコンパウンドへ帰ろうとしたのは言うまでもない。ところがその日に限って、街角には肩から小銃を下げた制服姿が目立ち、車を停止させて何か確認する様子も見かけた。高速道路の入口では徐行運転をさせて、一台ずつ中を覗き込んでいた。あとで聞いた話では、どこかで撃ち合いがあり、逃走中の犯人を追って警戒体制が敷かれたらしかった。

高速道路は順調に流れていた。高速道路を降りて塀沿いの道路を曲がり、コンパウンドの近くまで無事に来たのだが、入口が見えたところで私はビクッとした。迷彩服姿の兵士が五人ばかり立っていたからだ。当地の迷彩服は緑色ではなく、茶褐色と黄土色が混在する砂漠用の仕様だ。みなヘルメットをかぶり、小銃を肩に下げていた。一番端にいた太った兵士が右手を挙げて止まるよう合図し、車に近づいて来た。

兵士は仕草で車の窓を開けるよう指示し、車の中を覗き込んだ。ウィスキーは機内持ち込み用のスーツケースに入れ、それを私は座席の横に置いていた。私は出張帰りで、カギをなくしてスーツケースが開かないなどと下手な芝居をしてみたが、言葉が通じないのか反応がなかった。あいにくその日に限っていつもの車ではなく、運転手もシェイクじゃなく、アラビア語が不得手なのか彼は黙っていた。兵士はスーツケースに手を伸ばし、開けろとかムシケラとか言っているようだったが、私にはわからなかった。開けて見つけられたら、さすがに公開処刑場で鞭打ちはないだろうが、拘留されるかも知れないと思った。

ほかの兵士たちも様子を見に近づいて来たが、そのうしろからコンパウンドの警備員がふたり、つき従って現れた。彼らが兵士たちに何か言い出した。私を指さして、こいつは知ってる、ここの住人だとか何とか言っているようだ。しばらくして様子が変わった。兵士たちは一歩下がって道をあけ、車はコンパウンドに入っていいことになった。

乾燥したリヤドで冷房の効いた車に乗っていながら、私はしっかり冷や汗をかいていた。家に着いてひと息ついてからスーツケースを開け、買ったばかりのウィスキーを開けて飲んだ。おいしいはずがなかった。やり切れなさが治まるはずもなかった。


さすがにこのあとはおとなしく暮らして、二〇〇四年八月、私はリヤド駐在を終えて帰国した。翌年に一度だけ訪れたがそれ以降は、他の中東諸国には何度も出張したが、サウジアラビアを訪問する機会はなかった。ビザは巡礼者用と外交官用と商用しか発給しない国だから、もう訪れる機会はないと思っていたが、二〇一九年九月から観光ビザが解禁された。政府は観光に力を入れようとしていて、新国王の体制のもとで随分と変化が起きているらしい。ぜひ見に行くべきだと、サウジ人からも日本人からもアドバイスがあった。

コロナ禍が落ち着いたのを見計らって、私は久しぶりに訪問してみようと思い立ち、観光ビザを取った。

第八章

リヤド再訪

古い歴史はそれ以上古びないが、最新の事象はすぐに古びてしまう。それを承知の上で、二〇二二年一一月に私が久しぶりにリヤドを訪れたときのサウジアラビアの状況と私感を記しておきたい。

ムハンマド皇太子の大改革

リヤド空港の内装は以前のままだったが、驚いたことに入国検査ではアバヤを着て顔も隠した女性の係官がパスポートをスキャンしていて、そのあと荷物を検査されることなしに入国できた。一一月、日中は三〇度を超えてまだまだ暑かった。新型コロナウィルス感染症の流行は落ち着き、マスクをする人は見かけず、入国時にも市内の公共施設でもワクチンの接種証明の提示は求められなくなっていたが、中国だけまだロックダウンを続けていたからだろう、思ったほど観光客を見かけなかった。

事前に聞いていた通り、リヤドには高層ビルが増え、市内だけでもいろいろ開発計画が進行中だと見て取れた。二〇〇一年に私が赴任したときはファイサリア・タワーだけが目立ち、キングダム・タワーはまだ建設中だったことを思うと、たしかに高層ビルが増えた。

そんな表層的な変化よりも、政権の変化と数々の政治改革が私の関心事だった。サウジアラビアの現政権は、二〇一五年一月にアブドラ前国王が逝去し、サルマン現国王が就任して始まった。

すぐに行われた改革は、内閣改造など組織変更だったが、世代交代が注目を集めた。初代国王アブドルアジズが一九五三年に亡くなって以来、国王の地位はその息子の世代が継いできたが、七代目にあたる現国王はついに第三世代すなわち初代国王の孫の世代を登用した。そして、自分のあとに国王を継ぐと目される皇太子の地位に、いくつかの手順と曲折を経たあと、息子のムハンマド（Muhammad bin Salman の略でＭＢＳと呼ばれる）を就けた（二〇一七年六月）。老齢の国王に代わってＭＢＳが行ったこれまでの改革がいかに画期的かは、彼が皇太子になる前のものも含めて、時系列で概観するだけでわかる。

ＭＢＳはサルマン国王の即位時に国防大臣兼王宮府長官として入閣したほか、新たに設置された経済・開発問題評議会（ＣＥＤＡ）の会長に就任し、財務省からそこに移管された政府ファンドＰＩＦ(Public Investment Fund)のトップに就いた。四月には副皇太子に就任し、翌年四月に「ビジョン２０３０」という改革計画を発表した。計画の骨子は、石油収入のみに依存しない国家の実現である。五月にはエンターテインメント産業のための官庁を設け、六月には五カ年計画（国家変革プログラム）を発表。民間の産業振興、外資への門戸開放、女性の活用、観光業やエンタメ産業の育成など社会改革を進めた。国民に身近なところでは、宗教警察（勧善懲悪委員会）が活動を停止した[*149]。公共の場から風紀取締りが消え、女性はアバヤを着たりスカーフをかぶって髪を隠したりしなくてもよくなり、男性も短パンで闊歩して構わないことになった。また、娯楽振興政策の一環として、エンターテインメント・シティの建設が発表され（翌二〇一七年四月）、宗教上の理由から禁じられていた音楽会が二五年ぶりにリヤドで開かれた（五月）。これまで車の運転が禁じられていた女性に運転が合法化されたのは、偏狭な時代錯誤がようやく解消されたと歓迎されたが、マッチング・アプリが合法化された（九月）のには、異性間交友やそれに伴う風紀紊乱を嫌う保守的な人たちは驚いただろう。

ちなみに女性の社会進出については、アブドラ前国王の時代から進められていた。二〇一〇年代に入って諮問評議会に三〇名の女性議員が任命され、地方評議会議員選挙では女性にも参政権が付与され、女性起業家が増え、女子スポーツの振興と国際大会への参加など、顕著な進展が見られていた。

ＭＢＳは皇太子に就任（二〇一七年六月）すると、砂漠のダヴォス会議と別称される投資会議をリヤドで開催し（一〇月）、そこには三五〇〇人もの著名な各国政府関係者やビジネス・リーダーが集まった。皇太子は開会のメッセージの中でイスラム教について、極端に保守的な思想を排除して他宗教にも寛容な穏健な信仰に戻ると宣言した。

会議の中で皇太子は、ヨルダンとエジプトにまたがる巨大な都市計画（ＮＥＯＭ）のほか、多くの投資プロジェクトを発表した。これらのプロジェクトを牽引するのは先述のＰＩＦである。ＰＩＦは一九七一年に設立されて以来、政府プロジェクトや国営企業の政府持ち分を出資し管理する、どちらかというと補助的な組織だったと私は記憶するが、ＭＢＳにより積極的な政府投資ファンドに変貌した。日本でも、ソフトバンクが運営するヴィジョン・ファンドへの出資が話題になった。

翌月、大規模な粛清が始まった。のちに腐敗撲滅キャンペーンだと釈明されたが、まず、王族の有力者、政府の要人、富豪のビジネスマンが二〇〇人以上、豪華ホテルに招集され、そのまま監禁された。そこには資産家で有名なアルワリード王子や、政府の要職にあった前国王の息子も含まれ、ビジネスマンにはメディアMBCの会長やビンラーディン・グループの当主などの大所がいた。ほかにも逮捕され拘束された人びとは多く、捜査対象は三八〇人に及び、資産の没収や和解金の支払いなどで、一〇〇〇億ドルを超す金額が政府に回収された。[*150] 捜査は皇太子が指揮する汚職対策委員会が実施した。パナマ文書（パナマの法律事務所モサック・フォンセカが作成した機密文書。租税回避の実態が記載されていた）の漏洩により脱税やマネーロンダリングなどの疑惑が世界中に知れ渡ったのは前年六月であり、この年に入ってからも同様の内部文書や登記文書の漏洩が相次いだが、それらが引きがねになったのだろうと推測された。王族とされる人々は今や一万人以上を数え、いろいろな特権や役得を得ていたらしいが、逮捕監禁された人たちを含めその多くが資産を没収され、落ちぶれたと言われる。

没収された株式や債券などはＰＩＦに移管され、ＰＩＦが大株主となってその会社の経営に介入し、事業運営の改善拡大や縮小撤退を指揮するようになった。ほかにもＰＩＦは海外の優良会社の株式を次々に取得してポートフォリオを築き、政府系ファンドとして世界の株式市場で存在感を増している。

二〇一八年三月、皇太子はアメリカに二週間滞在して経済界の要人と面談を重ねた。この年も一〇月に、砂漠のダヴォス会議ならぬ投資会議が開催されたが、直前に起きたサウジ人ジャーナリスト殺害事件（サウジ政府を批判する記事を多く書いていたサウジ人ジャーナリストのジャマル・カショギ氏がトルコのイスタンブールのサウジ総領事館内で殺害された）のために、参加のボイコットが多数出た。それでもPIFの活動は陰ることなく、イングランドのプロサッカー・クラブの買収騒動（二〇二〇年四月）、フォーミュラ1レース開催（二〇二一年一二月）、LIVのゴルフ・ツアー開催（二〇二二年六月）など、話題は豊富だ。PIFの運用資産は二〇二二年第一四半期の時点で六〇〇〇億ドルを超え、一兆ドルを目指すらしいから、世界でも有数の規模だ。サウジ・アラムコ（油田会社）が上場して二兆ドルという世界最大の時価総額をつけ、一部株式公開により二五〇〇億ドルを調達した（二〇一九年一二月）。この国の経済力の巨大さに驚かされる。

自由化政策はその後も続いた。映画館は宗教的な規制強化により一九八三年から禁じられていたのだが、解禁されて男女が同じ空間で映画鑑賞ができるようになった（二〇一八年四月）。続いて、女性の旅行には男性保護者の許可を必要とするという制限が撤廃された（二〇一九年八月）。飲食店では入り口と店内を男性用（シングル・セクション）と女性含む家族用（ファミリー・セクション）に分けなければならなかったのだが、一連の自由化政策が始まって規律が緩んでいたところ、政府ももはや分離は不要だと公認するに至った（一二月）。同年、観光ビザを解禁し、また数十万人が参加する音楽フェスティバルがリヤドで開催された。娯楽産業以外にも、遺跡などの開発が観光振興のため進められた。

自由と人権

ファッショナブルなサウジ人女性が見られると期待して、私は大きなショッピングモールをいくつか訪れてみた。化粧品や装飾品の広告写真には女性の顔や容姿が使われていた。だがサウジ人と思しき女性は、顔こそ出していたが、昔と同じように黒いアバヤを着用して髪も隠しており、私服姿は外国人だけなのでがっかりした。

「昼間行っても駄目だ、ちょうどフェスティバル（リヤド・シーズン２０２２）をやってるから、夜九時開場のブールバード・シティなんかへ行けばどうか」とアドバイスされたので行ってみたが、光や音響で会場は派手だったものの、期待はずれですぐ退散した。しかし翌朝、ムラッバの博物館の駐車場で、青いアバヤを着こなした女性が運転席から降り立って颯爽と歩くのを見て、あまりの格好よさに見とれてしまった。時代の変化を実感した。

そのあと私はふと、今もＣＤジャケットや雑誌のグラビアは、肌を出した女性の写真が黒塗りされているのだろうかと思い、街なかを見て回った。だが、ＣＤショップなどもうどこにも見当たらなかった。それならばと大きな書店に行ってみたら、一階はＩＴ機器やコンピューターゲームに占拠されていて、二階の隅に見つけた書籍コーナーに雑誌なんかなかった。グラビアの黒塗りなんていう児戯に等しい規制がどうなっただろうかと、ゲスな興味本位から探し回った私は、戸惑ってしまった。どこにもないのは、ＣＤも雑誌も売れない時代だからというだけではなかろう。いろいろ自由化が進められているが、その反面、政治的・宗教的・社会的観点から厳しい検閲と取締りがなされる監視社会になってしまっているからに違いない。インターネットは反サイバー犯罪法（二〇一二年）で規制され、テロ対策法（二〇一四年）ではテロ行為の定義が広範に規定されて、治安当局に捜査や逮捕拘留の強大な権限が与えられている。*151 非公開の特別法廷が制度化されている。おかげで私が駐在中に頻発したテロ事件などもう起こりえないほど治安が確保されているのだが、その反面、当局ににらまれたらたいへんそうだ。

ということから、この国の自由と人権について考えさせられた。

第二次世界大戦後の日本に生まれ育った私は、基本的人権が永久不可侵なものだと習った。この考え方は西洋の啓蒙思想の自然法に由来する。キリスト教の学者は自然界の法則のように神が定めた自然法があると考え、すべての人が生まれながらに持つ自然権を唱え、国民主権を説いた。一八世紀のアメリカ独立宣言やフランス人権宣言で具体化されて以来、これらは普遍的価値として広められてきた。日本は明治維新以降、西洋に追いつこうとして積極的に西洋思想を取り入れた。旧来の道徳観と合わず十分に浸透しなかったところもあるが、大戦後に日本国憲法で明記されて社会制度の基本となった。

一方イスラム教ではコーランこそが唯一完全な神の啓示であり、イスラム法（シャリーア）以外に自然法や自然権など認めない。神の前で人は平等だが、自由はイスラム法の認める範囲内に限られる。無秩序無分別な自由は堕落だと考え、西洋から自由や人権の思想が押しつけられるのを嫌う。その一方、明確な禁止でない限りイスラム法の解釈適用は柔軟になされることもある。反対に、基本的人権を唱える自由主義社会であっても、実際には規制や自粛や忖度などがされて、無制限の自由などない。どちらが正しいかではなく、宗教的伝統や政治思想により国や社会ごとに自由の範囲が異なるのだと、その多様性を受け容れるしかなかろう。

神と預言者を冒涜するような表現の自由はイスラム法で制約を受けるが、政府批判を禁じるような言論の規制は専制国家ゆえであり、宗教とは無関係だろう。規制は内政問題とされ、外国による干渉が嫌われるようだが、人権の抑圧・侵害は黙認できない。人道上の見地から、国連の理事会・委員会、各国政府機関、政府間組織、ＮＧＯやメディアが糾弾する。いくら経済力や軍事力にまさり外交力のある国であっても、国際的なルールは尊重しなければならない。

民主化と国民意識

自由化の次に民主化についても考えさせられた。

サウジ国民は専制君主制の政治体制に馴らされていると言えよう。彼らは石油収入の分配を補助金や補償などいろいろな形で享受する上に、個人所得税はなく、兵役もない。政府に依存して生活が成り立つのだから、従順というわけだ。もし保守的で閉鎖的なこの社会に不満があったとしても、政権の主導で自由化され、ガス抜きされた。ただし、国民はいつまでもぬくぬくと暮らせるわけではなさそうだ。ビジョン２０３０の政策の一環として、財政支出の効率性向上や政府サービスの民営化が進められ、補助金がカットされるなど、国民は負担を強いられている。日本の消費税に相当する付加価値税（ＶＡＴ）が導入され（二〇一八年）、五パーセントで始まった税率は一気に一五パーセントに引き上げられた（二〇二〇年）。収入が減って物価が上昇するから、今までの生活レベルを維持したければ、庶民は働いて所得を増やさなければならない。そのためビジョン２０３０では人材育成プログラムも推進されている。三〇歳未満が人口の七割を占めるこの国では、男女ともに若者は教育を受けて就労するように導かれる。その代償が自由化だ。

「民主主義はイスラム教信仰の一部だ」とのアブドラ前国王の発言のように、民主主義がイスラム教と相反せずに包摂されるなら、民主化ももっと検討されるのではなかろうか。世界を見渡せば、国民の大多数をイスラム教徒が占める国で民主主義体制を取るところはいくつもある。ただ、各国の歴史はまだ浅いばかりか、民主主義そのものの歴史も短い。古代ギリシャのアテネの民主制は例外で、世界史は独裁専制の時代が長く、民主主義が具体的に制度化がされてせいぜい二世紀にしかならない。[*152]「民主主義は最悪の政治形態である、これまでに試みられてきた民主主義以外のあらゆる政治形態を除けば」とウィンストン・チャーチルが書いた（一九四七年）ように、民主主義は最上の完璧なシステムではなく、導入したからといって即効性があるわけでもなく、混乱と試行錯誤を続けなければならない。代表的な民主主義国でさえも最近、選挙はフェイクニュースのような虚偽情報や、ヘイトスピーチや陰謀論のようなプロパガンダに満ち、衆愚政治（ポピュリズム）化しているくらいだ。民主主義国よりも専制国家のほうが効率的合理的に素早く政策を決断し実行できる、という見解が聞かれたりもする。MBS皇太子の大胆な改革は、独裁体制だから可能なのかも知れない。だが、改革の先に民主化はないのだろうか。対立するものなのだろうか。

隣国イラクでは戦争で独裁政権が崩壊したあと、アメリカ主導により民主的な議会選挙が実施されたが（二〇〇五年一二月）、民族や部族の分裂、宗教や宗派間の対立など、前政権下で抑えられていた問題が顕在化し、混乱に陥った。その後も混乱は続いている。第一次世界大戦後にイギリスとフランスにより国境が線引きされ、民族や部族や宗派などに頓着せず石油資源のある地域からアラビア湾までを強引に一国にさせられたイラクほどではなかろうが、サウジアラビアも同じ頃に武力でまとめられた国だから、潜在的な分裂や対立の心配がありそうだ。部族への帰属意識は今では薄れ、文化活動や社会的な紐帯（ちゅうたい）を保つだけらしいから、[*153] もはや対立はしないみたいだが、何かがきっかけになって寝た子を起こさないとも限らない。宗派で見るとスンニ派ばかりではなく、シーア派（東部に十二イマーム派、南部にイスマイル派、ザイド派）が人口の一割を占め、[*154] 分断の懸念がないわけではない。

日本の明治維新以降の近代化は、幕藩体制を廃止して統一国家が築けたから実現できた。西洋列強の圧力に屈しないよう、ひとつの国にまとまろうとする国民意識が基盤にあった。国を挙げて戦争したのは誤りだったが、敗戦後すぐに国を建て直そうと国民意識が高まり、そのため民主主義も成り立った。

サウジアラビアの人びとはイスラム教による連帯意識のほかに、サウジ国民としての国民意識を持ってきただろうか。毎年春にラクダ・レースが行なわれる文化祭典（ジャナドリーヤ祭）とか、ワールドカップのようなサッカーの国際試合のほかに、国家を意識する機会はあっただろうか。

一九九九年一月、アブドルアジズ初代国王のリヤド奪還百周年を祝う記念式典が行なわれ、ムラッバ宮殿のまわりに博物館や図書館などを含む広大な公園が建設された（一九〇二年一月のリヤド奪還の日はイスラム暦で一三一九年一〇月五日にあたり、一〇〇年後の一四一九年一〇月五日はグレゴリウス暦で一九九九年一月二二日になると、在サウジアラビア日本大使館発行の「リヤド案内（二〇一三年七月改訂）」にある）。それまで国家の祝典行事が開かれたことはなく、リヤド奪還五〇周年は祝われなかったそうだ。国民国家はイスラム教の本旨からはずれ、祝賀行事は偶像崇拝に通じかねない、とでもいう理由だったのだろうか。それもあって、一〇〇周年の祝典は例外的な位置づけだったようだが、二〇〇五年にアブドラ前国王は国王に就任してすぐ、九月二三日を建国記念日（National Day）に定め、祝日とし、祝賀行事を実施した。アブドルアジズ初代国王がサウジアラビア王国を建国した日（一九三二年）にちなんでだ。毎年九月、建国記念日には祝賀行事が行なわれ、人々はサウジ国民であると意識することになった。

しかし国民意識の高揚はなかなか進まない。二〇一一年には「アラブの春」（チュニジアに始まりアラブ世界に広まった反政府デモと騒乱）に触発されてサウジ国内でもデモ騒動が起き、警察と衝突する事態が生じた（一〇月）。近隣には独裁政権が崩壊し、民主主義政権が打ち建てられた国もあるが、まだどこもうまくいっていない。そんななか、二〇一四年頃からＩＳ（イスラム国）が活動を本格化した。イラクとシリアの国境地帯にカリフ制のイスラム教国を樹立すると宣言したＩＳに対して、海外から数万人の賛同者が加わり、サウジアラビアからも数百人が志願したと言われる。それは一九八〇年代のアフガニスタン紛争にウサマ・ビンラーディンのようなサウジ人が聖戦の戦闘員だとして加わり、のちにアルカーイダを創設したのを思い起こさせた。サウジ政府はＩＳの活動に対して、強硬な対応を取った。国境を越えて軍事力を行使するとともに、国内ではテロ対策法を制定してテロリストの取締りを徹底した。同時に、カウンセリング・ケアの施設を全国に建設し、ＩＳを脱退してサウジアラビアに帰国した者たちの心理療法と社会復帰に努めた。

私がリヤドを再訪した二〇二二年からは、新たに二月二二日が国民の祝日に加わり、祝賀行事が実施された。始祖サウードによって第一次サウード王国が創立された（一七二七年）、その創立記念日（Founding Day）としてだ。かつて王国があったリヤド西郊のディルイーヤには、破壊された遺跡くらいしかなかったのだが、今回私は車で回って、大規模な修復や建設の工事が行なわれているのを見た。数年後に迫る三〇〇周年記念の行事は豪華なものになりそうだ。これもサウジ国民という意識を高めることになるだろう。国民意識が醸成される先に民主化があるのかどうかはわからず、人びとがどう思っているかもわからないが。

車で走っていて私は、初代アブドルアジズ国王とサルマン現国王とＭＢＳ皇太子の三人が並ぶ肖像画をリヤド市内の随所で見かけた。

忘れられない出会い

リヤドを旅行中、印象深い見聞や経験がいくつかあったが、忘れられない出会いを二件、紹介しておきたい。

「世界の果て」ツアー

博物館が閉まっていたため時間を持てあましてしまった日、私は午後から「世界の果て（Edge of the World)」ツアーに参加した。ネットで見つけて申し込んだその旅行は、午後二時にリヤド西郊のファストフード店の駐車場に集合し、「世界の果て」という観光名所へ車で行って雄大な景観を楽しむという内容だった。几帳面に私は午後二時前にその集合場所に着いたが、それらしい人は誰もいなかった。店でコーヒーを飲んでいるとしばらくして、明らかに観光客と思しき若いカップルが現れた。私は彼らに話しかけ、ツアーの参加者だと確認した。ふたりはトルコ人で、ジェッダを観光したあとリヤドに来たと言った。名前を忘れたので、以下ジャックとベティと呼ぶ。長身で寡黙なジャックと、オレンジ色のワンピース姿でおしゃべりのベティ。そこに若い東南アジア人の参加者がひとり加わった。彼は翌日からの国際会議に参加するため早朝着いたばかりのインドネシア人で、確かイフランと名乗った。

午後二時半になっても誰も迎えに来ないから、旅行会社のウェブ・サイトにあった電話番号にかけてみたが、応答がない。ジャックもしつこく電話をかけていたら、つながった。彼はアラビア語ができ、ベティにトルコ語で電話内容を説明し、ベティが英語で私たちに説明したところでは、担当者が昼寝していたらしい。あいかわらずだな、と私はあきれた。

一〇分ほどしてクロスカントリー車が到着し、トーブ姿で現れたサウジ人の若者が、寝過ごしていた運転手兼ツアー・コンダクターだった。名前はウマルだったと思う。彼はアラビア語しかできない。ウマルが話すのをジャックが聞き取ってベティに通訳し、さらにベティが通訳してくれたので理解できた。ちなみにイフランはアラビア語は不得手らしかった。ついては、ウマル君との意思疎通はジャックとベティが頼りだった。みんな三〇歳過ぎくらいで、私の子どもの世代だった。

車は街なかを抜けたあと舗装道路をはずれ、固い地面の道なき道を大揺れに揺れながら進んだ。運転するウマル君を見ていて、私は駐在中にサウジ人の採用面接をしたのを思い出した。第一章でも述べたが、サウダイゼーションという、サウジ人の雇用を促進する国家政策により、雇用が義務化されつつあった。どんな採用条件を提示したのか忘れたが、ほとんど応募がなく、ひとり、リヤドの国立大学でイスラム法学を学んだという若者が現れたが、総務担当のエジプト人が通訳しなければ会話にならなかった。試用期間どころか、二日ももたなかった。

そんな淡い記憶と異なり、ウマル君には見所があった。彼は性格が明るく、何かとよくしゃべった。ジャックとベティの通訳によれば、ほぼ毎日、こうやってツアー客を乗せて往復しているそうだ。私が、彼がわかるような片言の英語を使って冗談を言うと、彼はいやがるどころか一緒になって興じた。

車は砂漠の高原を延々と走り、ようやくのこと、ある地点で停車した。降りて見渡すと、渓谷を見下ろす台地の上にいた。トワイグ山脈という、南のルブアルハリ砂漠の北端からネジド（アラビア半島中央部）を北へ八〇〇キロにわたって貫く山並みは、一億数千万年前にできたそうだが、その西側には浸蝕によりダイナミックな景観が連なっている。茶褐色の石灰岩が切り立った断崖ならばリヤドでも西へ行くとすぐ見られるのだが、ここでは目を見張るような断崖絶壁と砂漠が地平線まで広がっている。地面にはぽつぽつと低木が点在するほか、乾いた川の跡が蛇行している。私たちは細い尾根道を伝って上り下りし、隣の断崖の天辺へ登ってみた。地平線には町があるそうだが見えず、遠くにテントらしいものが一つ、双眼鏡でかすかに見えた。圧倒するような巨大な空間に、動くものは猛禽が一羽悠然と舞うだけ。断崖に沿って鎌形のアマツバメが数羽鳴

サウジアラビアのリヤド郊外にある「世界の果て（Edge of the World）」

き交わしたが、どこかへ飛び去ってしまうと、天空と大地の間に静寂が戻った。太古の人類も見た景観に違いないと思った。

ウマル君がパイプ椅子を人数分並べてくれたので、私たちは並んですわり、地平線に沈む夕日を眺めながらおしゃべりした。二〇年ばかり前に私がリヤドに住んでいたと聞いて、彼らは興味を示した。宗教警察が取り締まるとか礼拝時間になると店舗が閉まるなんて、聞いたことはあったが体験したことはないと言うから、私は伝承者のようにひとしきり当時の生活を語った。過去のことがわからないと現在の自由度がわからない、また為政者の方針によっては揺り戻しもあるかも知れないと思ったからだ。

「でも今じゃそんな格好してもいいんだから、時代は変わったね」

ノースリーブでスカート姿のベティに向かって私は言った。

「ジェッダじゃこれが普通で、何も問題なかったけど、リヤドに来て街を歩いていたら、いきなりアバヤ姿のおばさんから叱られた。アバヤをつけろって」とベティは憤慨して言った。

たしかに私が駐在していた頃も、ジェッダや東部州では女性が髪の毛を出していたが、リヤドだけは厳しかったと思い出した。リヤドには変化を欲っさず、身なりなどについてもはしたないと思うような保守層が多いのかも知れなかった。

地平線だけがかすかに見え、その右手に街のあかりが赤く見え始めた頃、ウマル君が簡易の照明をつけてくれ、車のうしろから炊飯器を持って現れた。テーブルでチキンのカフサ（炊き込み御飯）が紙皿に盛り分けられ、私たちはそれを食べた。

私はウマル君に感心していた。仕事だから当たり前だと普通なら思うところだが、外国人のためにかいがいしく働くサウジ人の若者がいることに、意外な思いがするのだ。その思いは帰り道で倍加した。パイプ椅子やテーブルを片づけ、ゴミを袋にまとめて入れて、リヤドに向けて出発してしばらく行ったところで、エンコしている車に出会った。停車して様子を見に行くウマル君のあとに私も従った。ほかの三人は車中に残った。

大型のオフロード車の、左の前輪がパンクしていた。乗っていたふたりはアラブ人だったが、国籍はわからなかった。ウマル君は自分の車に戻って、トランクから工具とスペア・タイヤを持って来た。東の空に満月が上がっていたが、地上は真っ暗闇で、ヘッドライトと懐中電灯だけが頼りである。彼は地面にジャッキを据えて車体を浮かせ、パンクしたタイヤを外してスペア・タイヤに代えようと奮闘した。布を敷いて地面に這いつくばった。タイヤ交換を終えて、ウマル君はペットボトルの水で手の汚れを洗い落とした。ふたりに指示して、そのオフロード車を先に行かせ、私たちの車が後続する段取りにしたようだった。二台の車はゆっくりと動き出し、少しずつスピードを上げたが、先行車はしばらく走って向きを変えたところで停まった。再び様子を見に行くと、左の前輪が外れていた。タイヤが合わなかったのだ。私たちは懐中電灯を地面に照らして今来た道を戻り、外れたタイヤとナットを捜して拾った。

結局、故障車とふたりのアラブ人はそこに残して、私たちの車は出発した。ウマル君は集合場所まで私たちを送り届けたあと、レスキュー隊を連れて行くらしいと、ベティが事態を説明してくれた。

労を厭わず、率先して責任感強く働くウマル君だった。こんなサウジ人の若者に会えて私は幸せに思った。

定命の教え

ある朝、配車アプリを使って予約したタクシーが来るまでまだ半時間ほどあったが、私はホテルの自室ではなくロビーで過ごしていた。そこへトーブ姿で書類入れを脇に抱えた小柄なサウジ人が入って来て、私の斜め前のソファにすわった。以前会ったことがある人のような気がしたが、みな似たような格好をしているから、印象はあてにならない。彼が頭のスカーフ（ゴトラ）をかぶり直すのを見ながら、もし会ったことがあるならどこだろうと思案していたところ、行き来する人に注意を払っている彼と目があった。知らぬふりをするのもどうかと思い、「アッサラーム・アライコム」と私が挨拶すると、彼も応じて、すぐに「中国人か？」と英語で尋ねるので、「日本人だ」と答えた。

「日本には何度も行ったことがある」

そう言って彼はこちらに向き直り、機嫌良くしゃべりだした。ある政府企業に彼は長く勤めていて、日本の政府や民間の施設に一九九〇年代から二〇〇〇年代にかけて、よく行ったらしかった。聞いていて、過去に彼と私の接点はなさそうだったが、同じ年齢らしかった。彼は数年前にリタイアし、今はどこかの緑化事業の手伝いをしているとかで、その打合せのためにこのホテルへ来たらしかった。

「観光か？」と問われて、私がリヤドで暮らしたことがあり、二〇年ぶりに訪れたのだと言うと、彼は興味を示した。

「随分変わっただろう」と水を向けられたので、高層ビルやフェスティバルといった表面的な変化に驚いたと答えた上で、私はせっかくだから何か話題にしてみようと考えた。

「衣服が自由化されたと聞きましたのに――」

あまり変わっていないみたいだという印象を私が述べると、

「トーブ姿は男性の標準だから」と彼は言い、変わらないのが当然だと言いたそうだった。

「あいかわらずアルコール類の解禁はされないようですね」

調子に乗って私はそんな話題を持ち出した。彼は笑って首を振るだけだったので、私は何か続けようと思い、かつて駐在していた頃は酒が飲めないのがつらかったが、数年前にがんを手術してからは禁酒したので、すっかりサウジ向きの仕様になってしまったと自嘲気味に話したところ、真顔になった彼からいろいろ質問を受けた。聞けば、彼も消化器がんを患い、臓器を摘出する外科手術を半年前に受けたばかりで、精密検査を来週に控えているとのことだった。半年程度だと、まだまだつらい時期だ、再発や転移が見つかりやしないかと、さぞかし不安だろうと私は同情し、「何も見つからないで、無事に寛解に至ることを祈ります」と言った。「幸運を祈る」はそぐわないように思った。

「長生きするかどうかはアッラーのご意思次第だ」と彼は言い出した。続けて、長く生きないとしたら、それはそのほうがいい、いやな目にあったり、いやなものを見たりしないように、これ以上長く生きないほうがいいという神の思し召しだ。逆に、もう少し長生きするようならば、生きている間にまだしなければならないことがある、それをしっかりやれとのことだ、と話した。

定命（カダル）の考え方だな、とすぐに私は気づいた。

イスラム教スンニ派でいう六信五行について、本書では簡略で不十分ながらも、定命（ていめい）以外を紹介したつもりだ。六信とは六つの信仰項目つまり、アッラー、天使（アッラーのお使い）、啓示（コーランのこと）、預言者（ムハンマドのこと）、来世（終末の日に最後の審判が下されて人は天国か地獄に行くこと）、そして定命（人の運命はアッラーによって定められていること）であり、五行とは信仰告白（アッラーの他に神はなし、ムハンマドはアッラーの使徒である、をアラビア語で唱えること）、礼拝、喜捨、断食、巡礼の五つの義務である。

六信の最後の定命とは、全知全能の神が未来を決めるのだとの教えであり、人は未来のことを言う場合、「インシャ・アッラー」（神が望めば）を付け加えなければならないとコーランは命じる（第一八章二三・二四章）。これについて私は、因果関係を否定したり努力や責任を放棄するような消極的な感じがして、どうもなじめないでいた。運命だと諦めるにしても、仏教の諦観のような悟りがないように感じていた。ところが私は彼が話すのを聞いていて、何か腑に落ちたように思った。思えばお互い、預言者ムハンマドの享年を過ぎるまで年齢を重ね、がん治療という、死を意識して残りの人生をどう生きるか考える機会を経験していた。コーランは死についてさえ、誰でもアッラーの御許可がなければ死ぬことは出来ない（第三章一四五節）と記す。

彼は待ち人が現れたようで、ちょっと失礼と言って席を離れ、その人物と立ち話を始めた。私のほうはしばらくしてタクシーが来たようだったので、彼の邪魔をしないよう、簡単にお礼を言って挨拶し、ホテルを出た。彼との会話はほんの一五分くらいのことで、お互い名乗ることもないまま終わってしまった。その後ホテルのロビーで出会うことはなかったので、惜しいことをしたと思ったが、こういう出会いもあると思い直した。

第九章

イスラエルとパレスチナ

二〇二三年、イスラエルへ

前章まで書いてひと休みし、二〇二三年六月、私はイスラエルへ旅行した。いつか確認しに行こうと思っていたことがあって、成田からテルアビブまでの直行便（エルアル航空）が今春から新たに就航したことに背中を押された。

エルサレムにしばらく滞在していろいろ見てまわり、所期の目的は達したものの、意外に思うことがあった。何かと言えば、アラブ首長国連邦（UAE）やバーレーンが二〇二〇年にイスラエルと国交正常化したのに続いて、サウジアラビアとの国交交渉が水面下で進展中だと噂に聞いていたから、何か変化があるかと期待していたのだが、そんな感じはしなかったのだ。それどころか、ヨルダン川西岸地区の北部では連日のようにユダヤ人入植者とパレスチナ住民との間で衝突が起きて、イスラエル兵も加わり、ジェニンやナブルスといった町では銃撃戦が展開されていた。エルサレムにいるとわからなかったが、多くの死傷者が出たとか、一〇〇台以上の車が燃やされたとかいうニュースを見て、びっくりした。

パレスチナがこんな状態にあって、どうやってサウジアラビアとの国交交渉が進むのだろうか。というのも、先述のアラブ二か国がイスラエルと国交正常化に合意した直後に、サウジアラビアはサルマン国王みずからが国連総会で「パレスチナ人の権利保護とパレスチナ国家独立を求める」

と演説した経緯があるからだ。

そこで、パレスチナ自治区を見に行こうと考えたのだが、地中海沿いのガザ地区に入るにはイスラエル政府の許可が必要で、国際協力や報道といった正規の事由なしには入れないと聞いた。ではヨルダン川西岸地区だけでもと考え、タクシーでベツレヘムへ行き、さらに東エルサレムからラマッラをまわってみた。分離壁を眺めながら道路を走り、ユダヤ人の入植地を遠望したりもしたが、私は臆病だからそれ以上行ってみようという気にはなれなかった。検問所で若い女性の警備兵とあいさつを交わした。この国では男女ともに高卒一八歳で兵役の義務があり、初々しさの残る男子女子が紺色の制服を着て小銃を脇に垂らして巡廻しているのを、エルサレムの街中ではよく見かけた。

ニュースによれば大規模なデモがイスラエル国内各地で起きていたのだが、それはパレスチナ問題ではなく内政問題からだった。通算一五年以上首相の座にいるネタニヤフは、自身の汚職疑惑を抱えながら、前年末から司法制度改革の法案を国会で通そうとしていた。ひと言でいうと最高裁判所の判断を国会が無効にできるとする法案であり、それは司法制度を弱体化し議会制民主主義を骨抜きにするものだと、激しい抗議運動が起きていた。

しかしこの法案は翌七月、国会で可決された。反対派が投票をボイコットするという、国内の分断を象徴するような決着の仕方だった（なお、二〇二四年一月、最高裁はこの司法制度改革法を無効と判断した）。

そんなネタニヤフ政権にとって最大の外交課題は、サウジアラビアとの国交だったろう。実現すれば歴史に残る成果だ。イスラエルとサウジアラビア両国と親密な関係にあるアメリカ政府は、大いに期待し、支援していたに違いない。

ネタニヤフ首相は九月の国連総会の場で、サウジアラビアと和平合意に向かっていると演説し、それに前後してサウジアラビアのMBS皇太子もインタビューで同趣旨を、ただしパレスチナ問題の改善が必須条件だとした上で、発言していた。両首脳がここまではっきり発言するからには、いい方向に向かっているのは確かだと思えた。

そんなところに、一〇月七日、大事件が発生した。パレスチナのガザ地区を支配するハマスについては後述するが、このハマスがイスラエルに対して大規模な奇襲攻撃を起こした。数千発のロケット弾が発射され、武装集団が越境してイスラエル南部のキブツ（集団農場）や音楽祭を襲撃し、約一二〇〇人を殺害し、二〇〇人以上を拉致してガザへ連行した。

被害状況がニュースで報じられて、無防備なイスラエル人たちに加えられた残虐な仕打ちをくわしく知るにつれて、驚愕とともに暗澹たる気持ちになった。どうしてこんなことができるのだろうか。いくら恨みや憎しみがあっても、到底許される行為ではない。私はおよそ二〇年前にリヤドのアルハムラ・コンパウンドで起きた爆破事件の現場を見たときに感じた、言うに言えない根源的な疑問に再びとらわれてしまった。

イスラエルという国のなりたち

古代ローマ時代にエルサレムを追放されたユダヤ人たちが、世界各地に離散（ディアスポラ）したところまで、第三章で見た。

ヨーロッパに住みついたユダヤ人には、キリスト教に改宗した人も多かっただろうが、ユダヤ教の信仰を守り続けた人もいて、そんなユダヤ教徒は差別や迫害を受けてきた。反ユダヤ主義といわれる思想や感情は、日本人で異教徒の私には、イスラモフォビア（イスラム教嫌い）と同様、わかりにくい。キリスト教には唯一神教ゆえの排他性があり、それゆえ、同根というべきユダヤ教をことさらキリスト教から区別するために、「イエス・キリストを殺害したユダヤ人」という固定観念を植え付けてきたのだろう。新約聖書を読む限り、イエスはユダヤ人を「悪魔の子」と呼び（「ヨハネの福音書」八章四四節）イエスを処刑するよう主張したのはユダヤの民衆であり、「ユダヤ人が殺した」とパウロは書いている（「テサロニケ人への第一書簡」二章一五節）。

中世ヨーロッパで差別されたユダヤ人は公職に就けないばかりか、金貸し業くらいしかさせてもらえず、それとわかる格好をさせられ、大方は指定場所でしか暮らせなかったようだが、フランス革命が起きて自由と平等が謳われてから、変化が生じたそうだ。偏見や差別感情は根強く残っていたが、居住地や職業選択の自由などをユダヤ人に認める国や地域が現れた。その一方で、地域によっては旧態依然どころか、キリスト教に改宗してもユダヤ人として差別される、すなわち宗教的差別から人種差別へと変質したところもあった。

フランス革命は自由・平等のほかに、国民国家（ネイション）の理念と、その建設を目指すナショナリズムを産んだ。一九世紀というのは、ドイツとイタリアが統一されたほかにも、民族運動がセルビア、ルーマニア、ブルガリアなどヨーロッパ各地で盛んになる、ナショナリズムが勃興する時代だ。日本も明治維新に成功して国民国家への脱皮に間に合った。このナショナリズムの勢いは、世界各地に暮らすユダヤ人にも作用した。離散（ディアスポラ）以来、今や外貌も言語も文化もバラバラになっていたが、ユダヤ教信仰という共通の帰属意識を持ち、それを頼りにユダヤ民族という同胞意識を抱くことができた。ほか各地のナショナリズムと比べてユダヤ民族に欠けているのは、領土だった。自分たちの領土を持ちたい、失われたイスラエルの地（聖典にいうエレツ・イスラエル）を回復したいという、共通の目標を語る人たちが現れた。荒っぽい理解だが、これがシオニズムと呼ばれるユダヤ人の民族復興運動の始まりだ。

シオニズムを信奉するシオニストたちは、他の候補地よりも、かつてのカナンの地であるパレスチナにこそ、ユダヤ人のための国を創出しようと考えた。そこはオスマン帝国の支配下にあったのだが、シオニストは基金を作って土地を購入し、移住を始めた。アメリカに移住して経済的に成功していたユダヤ人が、それを支援した。その資金援助は余談ながら、ユダヤ人の虐殺（ポグロム）が絶えないロシアと戦争する日本にも及んだ（日露戦争、一九〇四〜五年）。また、ユダヤ人は新たに民族共同体をつくるには共通の言語が必要だと考え、二〇〇〇年ぶりにヘブライ語を復活させた。

イギリスはオスマン帝国内のユダヤ教徒を支援していて、シオニズムに理解を示した。背景として、オスマン帝国はイスラム教国だが、広大な領土に多数の宗教を抱えており、イスラム教的寛容さから、各宗教共同体に保護を与え自治を許していたことがある。フランスとロシアがカトリックと東方正教の共同体をそれぞれ支援したのに対抗し、英国教会というプロテスタントのイギリスは、ユダヤ教徒を支援したのだ。このように外国の支援を得た宗教共同体は、オスマン帝国の支配を内部から突き崩す役割を果たした。

第一次世界大戦については第六章でも触れたが、イギリスはイスラム教徒を味方につけようとしてメッカの太守フセインにアラブの独立を約束しただけでなく、パレスチナにユダヤ人の民族郷土（ナショナルホーム）をつくることも約束した（バルフォア宣言、一九一七年）。イギリスの外務大臣バルフォアがシオニズムを支持すると表明した一枚の手紙だったのだが、アメリカのユダヤ人たちと通じていたのだろう。アメリカは孤立主義の外交政策を取りヨーロッパの戦争に対して中立を守っていたのだが、ここにきて参戦に方針転換し、それが第一次大戦の帰趨を決した。イギリスが戦勝国になると、バルフォア宣言の内容は既定路線になった。

第一次大戦後オスマン帝国は解体され、国際連盟の決定によってシリア地域はイギリスとフランスそれぞれの委任統治領に分割された。イギリス領のうち、イラクとヨルダンは独立したが、パレスチナの地だけは委任統治領として残った。委任統治規約の文言は、バルフォア宣言通りだった。ユダヤ人はパレスチナの地で国家建設することに、お墨付きを得たわけだ。

それまでにもユダヤ人とパレスチナ原住民の対立や衝突は見られたが、このあと本格化した。原住民の大半はアラビア語を話すスンニ派イスラム教徒のアラブ人であり、数でまさった。パレスチナの人口は、一八八〇年段階でアラブ人の四七万人に対してユダヤ人は二万人少々。その後、ロシア・東欧から多数のユダヤ人が虐殺（ポグロム）を逃れて移住して来たとはいえ、一九一四年にはアラブ人五〇万人に対してユダヤ人は九万人程度だった。[*155] アラブ人たちは植民地政策に長けたイギリスにより分断統治されたが、パレスチナ人という民族意識が高まり、大規模な反乱を起こした。しかしこの反乱をイギリスは、イギリスによって武装化されたユダヤ人とともに鎮圧した（一九三九年）。というわけで、パレスチナにおけるアラブ人とユダヤ人の対立は、二〇〇〇年前から連綿と続いていたのではなく、バルフォア宣言後に始まったと考えるべきなのだ。

イギリスはユダヤ人移民の数を制限しようと試みたが、ナチス・ドイツが勃興（一九三三年）するとヨーロッパから逃避するユダヤ人移民が急増した。のちにホロコーストと呼ばれてユダヤ民族の歴史に刻みつけられる、反ユダヤ主義の迫害と虐殺が始まったからだ。

第二次世界大戦中、イギリスは中東のアラブ人を敵にまわさないようにと、今度はバルフォア宣言を撤回してシオニズムに反対する方針を取った。この大転換に接したユダヤ人は、まさかドイツや枢軸国側と組むわけにもいかず、連合国側に協力せざるを得なかったが、イギリスに裏切られた思いを持った。さらにイギリスはパレスチナ問題をユダヤ人と協議するにあたり、アラブ諸国の代表を会議に招いて巻き込んだため、のちにアラブ諸国がアラブ連盟を結成してアラブの大義を掲げてイスラエルと戦争する対立構図の下地が作られた。

第二次大戦で疲弊したイギリスはこの地の混乱を収めることをあきらめ、戦後新たにできた国際連合に解決を委ねた。国連は分割案、すなわちアラブ人の国とユダヤ人の国に分割する案を総会で決議した（一九四七年一一月）。この議決にあたりイギリスは棄権した。

総会の決議では（安保理決議と異なり）国連は軍を派遣できず、実効性がない。分割案に反対するアラブ系住民とユダヤ人の戦闘は激化した。ユダヤ人はイギリスとも交戦した。イギリスが委任統治を終えて撤収すると、ユダヤ人はイスラエル共和国の独立を宣言した（一九四八年五月）。アラブ諸国軍が参戦したが、イスラエル軍はイギリスに代わってアメリカとソ連の支援を受けて抗戦し、アラブ側はまとまりを欠いて敗れ、休戦した。イスラエルは自らの力で自国の建設を勝ち取ったのだ。

この戦争の結果、七〇万人を超える難民が発生した。この難民とはイスラエル建国によって住まいを追われたアラブ人たちであり、彼らはガザとヨルダン川西岸を含めた近隣諸国に退避するしかなかった。この出来事はアラビア語でナクバ（大破局）と呼ばれ、パレスチナ民族の歴史に刻み込まれた。

この戦争の反動で、イラクやイェメンほか近隣のイスラム教国に暮らしていたユダヤ教徒が追い出された。彼らはアメリカとイスラエルに移住を余儀なくされたのだが、ほかにヨーロッパからも大勢の移住者がいた。前述のホロコーストを生き延びたが帰るところを失って難民キャンプに収容されていたユダヤ系の人びとだった。

パレスチナ問題の変遷

イスラエルとアラブ諸国は四次に及ぶ戦争（中東戦争）を戦った。第一次戦争（一九四八年、イスラエルの独立戦争）のとき、ガザとヨルダン川西岸はそれぞれ隣国のエジプトとヨルダンの占領下にあり、そこに多くの難民が流入したのだが、第三次戦争（一九六七年）のあと両地区はイスラエルの占領に代わった。第四次戦争（一九七三年）は石油価格の高騰を引き起こし、日本も大きな影響をこうむった（第一次石油ショック）が、両地区の占領に変化はなかった。

エジプトはこのあと政策転換してイスラエルと和平条約を結び（一九七九年）、また、アラブ諸国はイランのイスラム革命（同年）とその後のイラン・イラク戦争に関心を向けざるを得なくなるが、一方でパレスチナ人の民族運動が高まった。イスラエルは、反政府ゲリラ活動を続ける非政府組織ＰＬＯ（パレスチナ解放機構）との闘争に注力し、ＰＬＯが拠点を置くレバノンへ侵攻した（一九八二年）。レバノンは複雑な宗教社会のゆえに内戦状態にあり、シリアの侵攻もあって混乱していた。そこに侵攻したイスラエルに対抗して、イスラム教シーア派の抵抗組織ヒズボラが生まれた。ヒズボラはレバノンで活動する欧米の多国籍軍に対しても、大規模な自爆攻撃を加えた。なお、イスラム革命（一九七九年）で誕生して間もないイランは、前政権を支持していたアメリカとイスラエルを敵視する方針を取り、ヒズボラを支援した。

ガザやヨルダン川西岸では、イスラエルの軍事占領と抑圧政策に対して、アラブ人がデモや投石を行う抵抗運動が頻発し、やがてインティファーダ（民衆蜂起）と呼ばれる、組織された暴動に発展した（一九八七年）。後述するハマスはこのとき生まれた。民衆蜂起に対してイスラエル軍が武力行使する映像が報道され、国際世論はイスラエルを非難した。

インティファーダが続くなか、冷戦の終結（一九八九年）、湾岸戦争の終結（一九九一年）といった時代背景のもとで和平交渉が試みられ、ノルウェー政府の仲介により、イスラエルとPLOの間で和平が成立した（オスロ合意、一九九三年）。その内容は、それまでパレスチナ側がイスラエルを国家として認めてこなかったのを改め、イスラエル側はパレスチナに自治政府の創設を認めるという相互の確認、および、イスラエルがガザとヨルダン川西岸から徐々に撤退して、そこをパレスチナ自治政府が治めるというものであり、難題はあとで協議することにして、とりあえず総論で和平に合意したのだった。

パレスチナ側は主流派政党のファタハが代表して和平交渉に携わっていたが、これに反対する少数過激派の一派がハマスだった。ハマスは先述のインティファーダが始まった一九八七年に、エジプトのムスリム同胞団の下部組織として生まれた。ムスリム同胞団とはイスラム主義、すなわち、シャリーア（イスラム法）が統治する国家・社会を理想とする思想をもとに活動する、二〇世紀前半にエジプトで生まれた組織だ。一見するとイスラム主義は伝統的保守的なイスラム思想に似ているが、信仰の堕落は西洋化のせいだとする反動的な面が強いためか、急進化する傾向がある。シャリーアが全世界を統治するまで武力による聖戦（ジハード）を続けるとか、反イスラム的な指導者は暗殺してもよいとか、そんな暴力的な思想と活動に発展する過激なグループがいて、アルカーイダやＩＳ（イスラム国）はこの系統だ。エジプトのムスリム同胞団は暗殺事件を起こして早くに非合法化された（一九五四年）が、イスラム主義は活動家とともに周辺のアラブ諸国に広がっていった。

ムスリム同胞団は医療や教育といった福祉活動や慈善活動を行なっていて、民衆の間に浸透していた。ハマスも草の根の慈善活動を行なって貧しいパレスチナ人の支持を得ていたが、その一方で軍事活動のための民兵組織を抱えていた。ハマス憲章（一九八八年）によれば、イスラエルという国を認めずにパレスチナ全土の解放を目指すとした。武力によるイスラエルの殲滅を主唱し、対話を通じて和平や共存の道を探るオスロ合意のような考えは見られなかった。のちに二〇一七年の綱領では、パレスチナ全土ではなくガザとヨルダン川西岸に国家建設するとの譲歩が見られたが、イスラエルという国を認めてこれと交渉する意思はないとしていた。

和平の崩壊

オスロ合意は両者が協議するための土台を作ったが、残された課題は二国間の国境をどこに引くか、エルサレムがどちらに帰属するかといった領土問題と、国内外のパレスチナ難民の帰属をどう認めるかといった難民問題であり、容易に協議が進むはずはなかった。世俗的な利害得失の交渉ではなく、ともすると宗教性を帯びて神意とか絶対といった理念が前面に出そうであり、妥協や譲歩は双方とも難しかったのだろうと想像できる。

パレスチナ人にしてみると、一方的に住居を追い出され社会生活を破壊され、どうしてこんな目に遭わなければならないのか納得できず、ユダヤ人がたとえヨーロッパでホロコーストの被害にあったからといって、自分たちの土地を奪って国家を建設するのは許せないというところだろう。しかも、そうこうするうちに侵食が進んでいて、すなわち、ユダヤ人はガザやヨルダン川西岸のパレスチナ人居住地域に入植地を建設しているのだ。ユダヤ人入植者のなかには住民のパレスチナ人に暴力を振るったり、モスクやオリーブ農園を破壊する者までいた。

こういったユダヤ人の行動は、宗教的シオニズムによると解説されている。そもそもユダヤ人といっても世界各地から集まった多様な思想・背景を持つ人たちであり、ユダヤ教信仰にも濃淡がある。反シオニズム派もいる一方で、シオニズムの側もまた多様だ。かつては国家建設のための世俗的な考え方が主流で、左派から右派まであったが、いつしか宗教シオニズムと呼ばれる、宗教性の濃いナショナリズムの信奉者が力を増してきた。彼らはユダヤ法に基づく国家運営を主張し、約束の地にユダヤ人の支配を広めることがメシアの到来を早めると解釈して、入植事業を推進していた。オスロ合意に調印したイツハク・ラビン首相が暗殺された（一九九五年）のは、イスラエルの地を異教徒に割譲することは神の意思に反すると考えるユダヤ教の狂信者の犯行だった。和平に反対して領土の分割交渉を認めようとしない人たちは、ハマスだけでなく、イスラエル側にもいたのだ。

和平ムードは長くは続かなかった。二〇〇〇年九月、のちにイスラエル首相になるアリエル・シャロンが国会議員を引き連れて「神殿の丘」（後述）を訪れた。この挑発行為に猛反発したアラブ人は、周囲を固めていたイスラエル兵に対し石や火炎瓶を投げ、イスラエル兵はゴム弾や催涙ガスで対抗した。この衝突がきっかけになってパレスチナ人の暴動（第二次インティファーダ）が始まった。銃や迫撃砲やロケット弾を使用した本格的な武装蜂起であり、自爆テロが頻繁に実行された。

翌年に九・一一事件が起きると、パレスチナの街角で事件を賞賛する住民の姿がテレビで世界中に放映され、衝撃を与えた。シャロン政権はブッシュ大統領に同調して対テロ戦争をとなえ、テロリストを掃討するべくヨルダン川西岸地区に総攻撃を実施した（二〇〇二年三月）。また、ヨルダン川西岸地区に分離壁の建設を始め、合意されていたグリーンライン（一九六七年の休戦ライン）より踏み込んで建設した。ハマスの指導者をイスラエル軍はたて続けに空爆して殺害した

（二〇〇四年）。

こういった状況を、当時サウジアラビアのリヤドに駐在していた私は連日ニュースで見て、イスラエル旅行をあきらめたのだった。

第二次インティファーダは二〇〇五年、シャロン政権がガザから撤退を決めて終了した。オスロ合意はもう反故になったようなものだったが、このあとパレスチナ自治政府は第二回目の選挙を実施した。オスロ合意後すぐに実施された第一回目の選挙では、それまで対外交渉を担っていたファタハが立法評議会の多数を占めたのだが、二〇〇六年の第二回選挙ではハマスが第一党になった。ファタハとの連立政権が組まれたが、両者は衝突し、関係は破綻した。ハマスはガザ地区を武力で制圧し、支配下に置いた（二〇〇七年）。一方、ヨルダン川西岸地区はファタハが政権を維持運営したから、パレスチナは分裂してしまった。

二〇〇六年夏にはレバノンのヒズボラがイスラエルに四〇〇〇発ものロケット弾を撃ち込み、イスラエル軍は二度目のレバノン侵攻を行った。

ガザを支配するハマスや過激派武装勢力が迫撃砲やロケット弾による攻撃を実行し、これに対してイスラエル軍が空爆して報復するといった交戦がほぼ毎年発生していた。二〇二一年五月のラマダン月には、「神殿の丘」で礼拝するイスラム教徒とイスラエル警察軍が衝突し、ガザからの砲撃とイスラエルの空爆という大規模な戦闘が起きた。イスラエルによるガザへの大規模軍事侵攻はイスラエル建国独立以来一〇回を超え、最近でも二〇〇六年一一月、二〇〇八年末から九年初め、二〇一二年一一月、二〇一四年六月から八月にも行われていた。

こうしたイスラエル軍との交戦の間に、ハマスは弱体化するどころか強大になってゆく。最近のCNNニュースによると、ハマスの軍事組織は手製のロケット弾に加え対戦車砲や迫撃砲も備えた、三万人を超す規模らしい。黒覆面に緑ハチマキの制服姿のほかに私服の兵士もいるから、見分けがつかない。ガザの市民が反抗できないような支配力を持つに至っている。

神殿の丘

第二次インティファーダのきっかけになり、その後もユダヤ人とアラブ人の衝突が頻発している「神殿の丘」は、エルサレムの旧市街にある。

第二章で述べたイスラエル王国（ヘブライ王国）は、紀元前一〇世紀頃、ここにエルサレム神殿を建てた。それは紀元前六世紀に新バビロニアによって一度破壊されたが、バビロン捕囚から戻ったユダヤ人が再建し、紀元一世紀に再び古代ローマ帝国によって破壊されるまで存在したとされる。残存する神殿の西側外壁が「嘆きの壁」であり、多くのユダヤ教徒がここで祈祷する情景はよく知られている。私のような異教徒の観光客でも訪れることができ、キッパ（帽子）を借りて壁に向かって礼拝に加わることもできる。さらに、「嘆きの壁」の南の一角から通路を通り、「神殿の丘」に登ることができる。通路の先にはイスラエルの国境警察隊の警備兵がいる。「神殿の丘」の警備は、第三次中東戦争（一九六七年）でイスラエルが東エルサレムを占領して以来、イスラエル政府が担っているが、丘の管理はヨルダン政府のイスラム教基金が引き続き行っている。なお、「神殿の丘」にはほかに数か所入り口があるが、そこはイスラム教徒しか通ることができず、異教徒はここの一か所しか入口がない。

私は警備兵に身体と持ち物を検査されたが、宗教を問われることはなかった。特に入場制限はないようだったが、ユダヤ教徒とキリスト教徒の場合、観光目的の訪問のみ認められると聞いたことがある。宗教行為を行ってイスラム教徒を刺激したりしないように、との含みだったのだろう。また、イスラエル政府の宗教的権威である首席ラビ庁は、ユダヤ教徒が「神殿の丘」に登ることを禁じている。理由は、エルサレム宮殿の最も神聖な場所がどこだったか今ではわからないため、むやみに歩き回るなということらしい。そんな理屈はかつて守られていたのかも知れないが、最近はユダヤ教徒が大挙して登っているので、首席ラビ庁の権威は疑わしい。

「神殿の丘」はイスラム教の聖地とされる。理由は丘の上に「岩のドーム」と「アル・アクサ・モスク」があるからだ。異教徒は「神殿の丘」まで登ることができても、このふたつには入れてもらえない。

このふたつはコーランの解釈から聖地とされた。コーランには預言者ムハンマドが一夜、アル・アクサ（遠隔・崇高の意味）モスクに旅したとある（十七章一節）。簡潔な章句だが、伝承によると、預言者ムハンマドは大天使ガブリエルに導かれてエルサレム神殿の岩から天に昇ったという。七世紀後半にエルサレムを占領したウマイヤ朝のイスラム教徒たちは、伝承をもとに「岩のドーム」と「アル・アクサ・モスク」をこの丘に建設し、聖地にしたのだ。開祖が亡くなったあとに伝承をもとに聖地が祀られるのは、どんな宗教でも珍しいことではないから、ここにメッカ、メディナに継ぐ第三の聖地が建設されても不思議はない。七世紀にイスラム教徒が来たとき、ここはがれきの山だったそうだ。東ローマ帝国の統治下でユダヤ教徒は、エルサレムに入ることが制限されていたからだ。

エルサレム旧市街にあるシナゴーグの内部

エルサレム旧市街を訪れた観光客は、「嘆きの壁」のほかにユダヤ教のシナゴーグや、聖墳墓教会などキリスト教の教会を訪れることができる。それにもかかわらず、どうして「岩のドーム」と「アル・アクサ・モスク」には入れないのか。そう思った私は、両所に入るための「神殿の丘」の他の入り口にまわってみた。そこには肩から脇に小銃を下げた警備兵が四人いた。私は丁寧にあいさつして、見学したいと申し入れた。問われるまま、私はイスラム教を敬い、コーランを学んでいる、サウジアラビアで暮らしたことがあり、ダマスカス、アブダビ、カサブランカ、イスタンブール、東京などでモスクに参詣してきた、せめて「岩のドーム」の巨岩だけでも拝観したい、など話した。

警備兵は私のパスポートにイスラム教の入信証明がないと指摘し、事務的に拒否した。威圧感はなかったが、個別の事情は斟酌しないとの堅固な態度で、ぐずぐずしていると警戒されそうだったので、私は引き下がった。

この「神殿の丘」にイスラエルの大臣や国会議員など数百人のユダヤ教徒が登って祈祷し、周辺のイスラム教徒の反発を買う事態が、私が旅行する前月に起きていた。第三次中東戦争に戦勝してエルサレムの支配権を確立した記念日「エルサレム・デイ」を祝って、ユダヤ教徒のなかでも正統派とか超国家主義者とかに分類される数千人が、白地に青のイスラエルの国旗を振って市内を行進し、その一部が「神殿の丘」に押し寄せたのだった。いたずらにイスラム教徒を挑発するのはやめるようにという、国内外からの声が上がっているなかで、挙行された。ハマスはこれに対して、警告するメッセージを発した。ついその前の週にはガザから一五〇〇発ものロケット弾が撃ち込まれていた。その大半はアイアン・ドームすなわちイスラエルが開発した防空システムによって打ち落とされたとはいえ、再び緊張が走ったことだろう。

そして一〇月七日の奇襲事件が発生するほんの数日前にも、「仮庵の祭り」を祝って、正装し

エルサレム旧市街の「嘆きの壁」で翻るイスラエル国旗。壁の上は「神殿の丘」の木々

たユダヤ教徒が大挙して「神殿の丘」を訪れ、宗教儀式を行った。イスラム教徒の反対など無視して実行されたのだった。

一連の行動から顕著に見られるのが、宗教と組み合わさったシオニズムやナショナリズムの高揚であり、また、右傾化といわれる事象だ。

イスラエルの右傾化

イスラエルのユダヤ人の間では、第二次インティファーダの頃から和平の実現が悲観視され始め、絶望感が漂うにつれて右傾化が強まったとされる。いくら和平を提案しても拒否されて非道なお返しをされる、とパレスチナ人に対して不信感をつのらせ、また、自衛のために行なう報復まで国際社会が非難するのは理不尽だ、といった思いが強まったようだ。

受難の歴史というトラウマがあるせいか、ユダヤ人は自衛には神経質であり、絶対に負けられないとばかり軍備を強化してきた。核も持っているらしいから、イスラエルは中東地域で最強の軍事力を保有する。男女ともに兵役があり、兵役を終えても予備役として軍務につける態勢だから、国民の意識も平和主義的ではなくなるだろう。加えて、世代交代もありそうだ。ネタニヤフ首相は独立の翌年に生まれ、他の政権幹部はもっと若返っている。建国した世代ではなく、戦争を通して軍事力や経済力を高めてきた世代だけに、おごりもあろう。神に選ばれた民族、神が約束した土地、といった宗教的信念の高揚も指摘される。

平和と安全は力で獲得しなければならない、と主張する右派政党が議席を増やしてきた。二〇二二年末にはイスラエル史上最も右寄りといわれる連立内閣が組まれ、年明け早々に国家治安大臣が「神殿の丘」に上ってひと騒動を起こした。老練なタカ派のネタニヤフ首相でさえまとめるのを苦労する状況だと聞いた。

そんなイスラエルには、難民にならずに住み続けてきたアラブ人が、総人口約九五〇万人のうち二割程度いる。イスラエル国籍を持つ彼らは、大半がイスラム教徒かキリスト教徒であり、兵役を免除されている。法制度上は次に見るように対等に人権が保護されているはずだが、実際には差別されて肩身の狭い扱いを受けてきたと言われる。

イスラエルは憲法を持たない代わりに「独立宣言」があり、そこではイスラエルはユダヤ人の国であると読める一方で、人種に関わりなく平等の権利を確保し自由を保障するとも記載されている。また、一九九二年制定の基本法では「人間の尊厳と自由」および「職業の自由」が定められ、これら基本法の規定は一般の制定法より優先する、との最高裁判決（一九九五年）もある。

ところが、これをくつがえすような法律が二〇一八年に制定された。「国民国家法」というこの法律は、イスラエルはユダヤ人の祖国であり、ユダヤ人が祖国の自決権を持ち、ヘブライ語が国語だと規定する。これはユダヤ人と非ユダヤ人（主にアラブ人）が平等に暮らすことを認めない、差別的な立法ではないだろうか。

この法律はまた、世界各地からイスラエルに亡命してくるユダヤ人のため、パレスチナ人居住区に入植地を建設することを容認している。これはイスラエルとパレスチナの二国家に分割するという、国連決議以来の解決案をないがしろにするものではないだろうか。

（余談ながら私は拙著『ハイジャック犯をたずねて　スリランカの英雄たち』で書いた、旧セイロン時代のスリランカのシンハラ・オンリー政策、すなわち、シンハラ語を公用語とし、シンハラ人をタミル人より優遇しようとした政策を思い出す。タミル人との間で長く続く内戦のきっかけとなった悪法だった。）

アメリカのユダヤ系人口は約七五〇万人といわれ、イスラエルのユダヤ人人口より多いくらいだが、総人口の二パーセントを占めるに過ぎない。にもかかわらず、イスラエル・ロビーと呼ばれる大きな政治勢力が存在する。イスラエル・ロビーとは、アメリカの対外政策を親イスラエルの方向に動かそうと活動する個人や団体の集合であり、動員力、資金力、人材・人脈などから、アメリカ随一のロビーイスト組織と言われる。その力によるものだろう、アメリカは国連や国際的な会議では徹底してイスラエル擁護につとめ、トランプ前大統領は米国大使館をテルアビブからエルサレムに移転するという長年の懸案を実行した(二〇一六年)。

イスラエル・ロビーの構成は数多くのユダヤ人個人と組織だけでなく、福音派と呼ばれるキリスト教系の組織も含まれ、あまりにも多様で、しかも統一されていないため、総論はイスラエル支持であっても各論ではしばしば分裂してしまう。東エルサレムやヨルダン川西岸で入植活動が継続されていることに対し、強く反対する派もあれば容認する派もあり、「国民国家法」についても法案の段階から意見が分かれたそうだ。また、前述の司法改革法案に対しては、バイデン大統領や民主党議員が強く批判していたのだった。

イスラエル・ロビーはアメリカの国政に対して大きな力を持っているが、イスラエルの国政に対してはそうでもない、ということだろうか。

サウジアラビアとイスラエル

第六章では、サウジアラビアの初代国王アブドルアジズが第二次世界大戦の終了前の一九四五年二月に、アメリカのルーズベルト大統領と面談する場面を紹介した。面談中、国王は大統領に対して、パレスチナの地をユダヤ人のために割譲することに反対すると明言した。[*156] ルーズベルト大統領は国王の意見を尊重すると返事したらしいが、直後に急死したため、うやむやになったようだ。副大統領から昇格したトルーマン大統領は、キリスト教徒だがシオニストで、イスラエルの独立宣言が発せられると、他国に先駆けて最初に国家承認を発信した。国務長官や国防長官は反対意見だったにもかかわらず、だ。ユダヤ人のロビー活動が効いたのだろう。

アブドルアジズ国王は国連の二国分割案（一九四七年）に当初反対していたが、のちに受け入れた。一連の中東戦争でサウジアラビアは、義勇軍に派兵したかも知れないが表立っては参戦せず、深入りもせず、現実的実利的に対応した。この外交方針は歴代の国王に継がれた。

サウジアラビアは九・一一事件のあと、アラブ諸国とイスラエルの関係正常化を提案した（アラブ平和イニシアティブ、二〇〇二年）。それゆえアラブ四カ国（アラブ首長国連邦、バーレーン、スーダン、モロッコ）が二〇二〇年に国交を結んだのに続いて次はサウジかと期待されたのだが、一〇月六日の事件発生後、交渉は停止された。一時的な中断だと想像するが、再開されるのか、いつ再開されるかなどは、このあと事態がどう収束し、そのあとパレスチナ問題がどう扱われるかにかかってくるだろう。

ハマスが今回の事件を起こした最大の目的は、イスラエルとサウジアラビアの和平交渉を頓挫させることだったとの見方がある。そうだとすると、それはパレスチナ人民のためを思ってではなく、ハマスのためだったのだろう。和平が成ってアラブ諸国がイスラエルと協調することで、ハマスの独善や横暴が否定されるのを嫌ったのだ。ハマスにパレスチナ問題を解決する当事者能力がないことは明白だ。いくらテロ行為を実行しても、解決にならない、つまり、現状を変えることにも、イスラエルの身勝手な行動やパレスチナ自治政府の不甲斐なさを正すことにもならない。しかしまた、偏向しているアメリカにも、影響力の弱い国連にも解決は期待できないのだから、せめてアラブ諸国の干渉を受け入れて、いくばくかの改善がなされると期待するべきではないか。同じアラビア語を使う、スンニ派イスラム教徒なのだ、協力体制を組むべきだ。

にもかかわらず、ハマスは大規模なテロ攻撃と人質の略取を実行した。イスラエル軍がガザに侵攻して大勢のパレスチナ人が犠牲になるのがわかっていながらだ。パレスチナ人民を盾にし道連れにする不毛で無謀な抵抗運動だ。病院や学校に隠れ家を設営し地下道を構築していて、そのせいでパレスチナ人が被害に巻き込まれると、国際世論にイスラエルの非道を訴えて責任転嫁をはかる。人質を解放して収束させようともしない。こんな組織を支持してその支配を許したパレスチナ人が哀れでならない。

ネタニヤフ首相は筋金入りの反パレスチナであり、一〇月七日の事件発生を防げなかった自身の責任もあるから、徹底してハマスの壊滅（解体）をはかるだろう。戦時の挙国一致体制が組まれたから、彼の立場に不安はなく、報道によれば国民の大半がこの戦闘の遂行を支持しているそうだ。自衛権の行使だとかハマスの軍事施設が標的だとかいうが、現実には子どもを含む多くの民間人を巻き添えにする、非人間的な攻撃だ。こうした過剰な軍事行動に自制を促す力が、もうイスラエル国内にはないようなので、国外から牽制をはかるしかないが、国連はまとまらず、力もない。西欧の先進国はハマスのテロ行為に対するイスラエルの自衛権を認める立場だから、停戦を呼び掛けるだけだ。南アフリカ共和国が国際司法裁判所に集団殺害の容疑で提訴したのに対し、イスラエルは真っ向から反論していて、即時停戦は望めそうにない。

パレスチナ人の災難には同情するばかりだ。廃虚になったガザ地区で、当分は国際援助に頼って生活の立て直しをはかるしかないだろうが、パレスチナ人には何とか収入を得る道を探って、個人の自立、民族の自立を目指して頑張ってほしい。絶望して捨て鉢になることなく、現世の苦難に耐えてほしい。復讐のために生きるようなことはせず、異教徒を殺害することが神の意思にかなう聖戦だとか、異教徒との戦いで死んだら天国へ行けるとか、そんな特有のロジックで自分や自分の仲間を復讐の犠牲にするようなことはやめにしてほしい。パレスチナ人の未来のために、エネルギーを現実的で建設的な方向に向けてほしい。

余談だが、私はサウジアラビアで勤務していたとき、「自分はパレスチナ人だ、ヨルダンに逃れたパレスチナ難民の子だ」と自己紹介した男性と、一年ほど一緒に仕事をしたことがある。アラビア語はネイティブで、英語も達者で、家に呼ばれて妻を紹介されたが、妻もリヤドで仕事を持ち、また、同じ境遇の仲間とのネットワークを夫婦で築いていた。イスラエルの一部のユダヤ人と交友関係を結んでいるとも語っていた。

サウジアラビアほか湾岸のアラブ世界には仕事があり雇用があり、多くのアラブ人が就業している。そこで通用する能力が求められるが、パレスチナ人にはその可能性も追及してほしい。学校教育が再開されたら子女の教育にも注力して、新しい時代を少しずつ開拓して、民族の誇りを築いてほしいものだ。

事件の二〇日後、サウジアラビアのリヤドで、第七回国際投資会議、いわゆる砂漠のダボス会議が開催された。事件のために出席を見合わせた政治家や経済人はほんのわずかで、盛会だったようだ。一〇月末からは「リヤド・シーズン２０２３」のフェスティバルが始まったが、当初の一週間で一〇〇万人の来場者があったと聞いた。経済は停滞どころか沸騰している感じがする。

一一月、アラブ地域とイスラム圏の合計五七国の首脳を集めたアラブ・イスラム特別合同会議がリヤドで開かれた。一〇・〇七事件に対する協議がこの規模でこう早く行われたのは、サウジアラビアとＭＢＳ皇太子の統率力によるものだろう。画期的なことに、イランのライシ大統領が参加した。サウジとイランは二〇一六年に国交断絶し、三月に関係正常化に合意したばかりだったが、ついに首脳の訪問が実現したのだ。

公表された合同会議の決議内容は、ひとつにはパレスチナ人の権利擁護と解放の必要性を確認して支援を約束し、次いでイスラエルの占領政策および過剰な武力行使を非難し、国連安保理の決議を求めるものだった。これまでの彼らの立ち位置から導き出される穏当な内容であろう。

ハマスについて、この機会にどんな議論がされただろうか。カタールはハマスと関係を維持しているそうだが、ほかのアラブ諸国は距離を置いてきたはずだ。ハマスの前身であるムスリム同胞団に対して、エジプト、サウジアラビア、アラブ首長国連邦（ＵＡＥ）などはテロ組織として活動を禁じている（二〇一三年以降）。イランはレバノンのヒズボラとともに、反イスラエルという点でハマスを支援してきたが、ハマスに指図できる関係ではなさそうだ。イスラエルに対する報復や反撃を唱えてはいるが、ハマスのために自国民を犠牲にし国土を毀損する大義があるだろうか。財政逼迫による自国民の困窮こそが喫緊の課題ではなかろうか。パレスチナ人のためというなら、今回の会議に同調したように、今後も支援の足並みをそろえてほしいものだ。

ともあれ、イスラム協力機構とアラブ連盟の合わせて五七カ国もの国がそろってパレスチナを支援する姿勢を打ち出したことは、パレスチナの人びとにとって意義深く、心強いことだろう。イスラエルは今度こそ真剣にとらえなければなるまい。サウジアラビアを筆頭にアラブ・イスラム教諸国と関係を正常化し深めてゆくためには、パレスチナという国の設立問題をもうおざなりにするわけにいかないのだ。

この先の展開に期待を持ちたい。

◉あとがき――

サウジアラビアに駐在したときの実体験と不思議な思いを、私は帰国後もずっと引きずって今に至っています。それが何なのか解明しようとして、浅学非才の身ながら、持ち前の好奇心に駆られて文献にあたり、人に会い、旅行して参りました。不勉強だった私が基本的なところから理解に努めたその経緯を本書に書きましたのは、中東のアラブ世界にくわしくない方にも関心持ってお読み頂こうと思ってです。古い事柄もいろいろ書いていますが、現在の事象を正しく理解するには必要だと思ったからです。扱いが難しい宗教問題については、ユダヤ教・キリスト教・イスラム教の三大一神教のそれぞれに最大限の敬意を払いました。著述のなかにもし特有の視点があるとすれば、私の経歴が研究者ではなくビジネスマン（商社員）だったからでしょう。どんな仕事をしていたか、守秘義務があるため触れていませんが、仕事で中東と関係ある方は少なくないでしょうから、そんな読者にもお役に立つことがあれば、と願って書きました。

用語や固有名詞などは、新聞紙上などでよく見かける一般的なものを採用しました（イスラームではなくイスラム教、クルアーンではなくコーラン、マッカでなくメッカ、ほかにハマス、ヒズボラといった呼び名についても同様です）。

題名の「異教徒」は、イスラム教徒でも一神教徒でもない多神教徒がそう呼ばれた歴史から拝借しました。第一章に書きましたが、私の生活習慣には神道や仏教のほかに道教・儒教・キリスト教に由来するものも多く含まれていて、まさに私は多神教徒ですが、宗教全般に対して教養としての関心を持つ、世俗的な多宗教徒であるとも思っています。

イスラエルとハマスの紛争が昨年の一〇月以来頻繁に報道されていますが、日本に暮らしているとあの地域は地理的に遠く、なかなか実感がないかも知れません。しかしながら、グローバルな時代ですから、縁がないとは言ってられません。紛争のほうは早く収束することを願うとして、アラビアの湾岸諸国は、わが国が石油と天然ガスの過半を輸入し、自動車など工業製品を輸出する重要な貿易相手であるばかりか、莫大な資金力を持つ投資家としての存在感が増しています。ゴルフやサッカーなどプロ・スポーツ界に巨額の資金を投入しているのはご存知な方も多いでしょうし、欧州や中東地域にとどまらず日本を含めた世界中の投資事業において、パートナーとしてあるいは競合相手として、その存在領域が拡大しています。また、海外旅行先としてドバイはご存知でしょうが、ほかにもエキゾチックな場所は多く、サウジアラビアも観光ビザを解禁して観光に力を入れていますこと、本書で触れました通りです。サウジアラビアと日本は、アニメなどの文化交流でも関係ができてきました。新たな関係が築かれることを願ってやみません。

本書を書くにあたっては多くの方の指導にあずかりました。日本人に限って申し上げますと、第二章で紹介しました高橋俊二さん、リヤドに長く暮らしておられた田中保春さんに負うところ大です。また、一昨年リヤドを訪問した際には、一般社団法人中東協力センターの投資アドバイザー・宮内良尚さんと同サウジアラビア事務所長・武藤弘次さんにお世話になり、リヤド・ヒルトンのロータス・レストランの料理長・片渕陽介さんには食材の確認に協力頂きました。皆さまに厚くお礼申し上げます。

株式会社彩流社の編集部長・出口綾子さんには、前作『ハイジャック犯をたずねて——スリランカの英雄たち』に続いて編集と出版のお世話になりました。厚くお礼申し上げます。

和田朋之

二〇二四年一月末日

＊注

(1)海部陽介『人類がたどってきた道〝文化の多様化〟の起源を探る』NHKブックス、二〇〇五年。溝口優司「アフリカで誕生した人類が日本人になるまで（新装版）」SB新書、二〇二〇年など

(2)片倉もとこ『イスラームの日常世界』岩波新書、一九九一年、一四七ページ、コーラン二二章三七節

(3)西秋良宏『アフリカからアジアへ』朝日新聞出版、二〇二〇年、一六ページ

(4)前掲書(3)一章。松原正毅『遊牧の人類史』岩波書店、二〇二一年、四〇ページ

(5)『ヒューマン』NHK出版二〇一二年、一三八ページなど

(6)環境省せとうちマップ

(7)大貫良夫『人類の起源と古代オリエント』世界の歴史1、中央公論新社、一九九八年、一三八ページ

(8)前掲書(3)、四五ページ

(9)日本民族学博物館（以下、民博）ビデオテークNo.一六六〇、一六六二、「ベドウィンの生活戦略」

(10)松山利夫・山本紀夫編『木の実の文化誌』朝日新聞社、一九九二年、一一四ページ、松井健教授の記述

(11)ブライアン フェイガン『人類と家畜の世界史』東郷えりか訳、河出書房新社、二〇一六年、六九ページ

(12)黒木英充編著『シリア・レバノンを知るための64章』明石書店、二〇一三年、三六ページ

(13)『パンの発達史』民博ビデオテークNo.一二二五

(14)前掲書(11)、六〇ページ

(15)前掲書(4)（松原）、一三〇ページ、一七七ページ

(16)平田昌弘『人とミルクの一万年』岩波ジュニア新書、二〇一四年、二四ページ

(17)前掲書(11)、一一〇ページ

(18)前掲書(16)、五〇ページ

(19)常木晃編『食文化——歴史と民族の饗宴』悠書館、二〇一〇年、二一〇ページ
(20)民博ビデオテーク『乳製品の歴史』No.一二二四ほか多数
(21)平田昌弘『ユーラシア乳文化論』岩波書店、二〇一三年、六五ページ
(22)前掲書(16)、二〇ページ
(23)Dr. Majeed Khan, "*Camel in the Ancient Art, History and Culture of Saudi Arabia*" Consultant for Supreme Council for Tourism、アブドルアジズ王公共図書館所蔵
(24)前掲書(21)、八七ページ
(25)前掲書(11)、一四〇ページ
(26)『ナショナル・ジオグラフィック』二〇一四年二月一二日号
(27)堀内勝『ラクダの跡 アラブ基層文化を求めて』第三書館、二〇一五年、二八〇ページ
(28)前掲書(11)、一七九ページ
(29)デイヴィッド・W・アンソニー『馬・車輪・言語（上）』東郷えりか訳、筑摩書房、二〇一八年、三一一〜三一八ページ
(30)前掲書(5)、二〇一、三〇七ページ
(31)マーティン・J・ドアティ『古代の武器・防具・戦術百科 図説』野下祥子訳、原書房、二〇一一年
(32)本村凌二『馬の世界史』講談社新書、二〇〇一年、一七三ページ
(33)前掲書(19)、二〇五ページ
(34)ジャン・デイヴィソン『ピクルスと漬け物の歴史』甲斐 理恵子訳、原書房、二〇一八年、一六ページ
(35)同、七三ページ
(36)同、七三ページ

(37)三橋淳『昆虫食文化事典』八坂書房、二〇二〇年、二九五ページ
(38)R・H・キールナン『秘境アラビア探検史』岩永博訳、法政大学出版局りぶりあ選書、一九九四年、二三八ページ
(39)レディ・アン・ブラント『遍歴のアラビア　ベドウィン揺籃の地を訪ねて』田隅恒生訳、法政大学出版局りぶりあ選書、一九九八年、一〇四ページ、三一八ページ
(40)ホームページは「SaudiTraveller（サウディアラビア紹介シリーズ）」と「アラビア半島を旅する」、著書は『沙漠の半島　サウジアラビア紀行 歴史と風土を訪ねて』日本サウディアラビア協会二〇一三年、『サウジアラビアを知るための63章・第2版』明石書店二〇一五年の三六～四〇章
(41)参考までに、柳川啓一東大教授（宗教学）がそう助言しておられたと『モロッコ流謫』四方田犬彦、ちくま文庫二〇一四年、一九〇ページにあり
(42)小林登志子『古代メソポタミア全史』中公新書、二〇二〇年、一六ページ
(43)本村凌二『多神教と一神教』岩波新書、二〇〇五年、二八ページ～
(44)前掲書(42)、一九三ページ
(45)前掲書(12)、三六ページ
(46)蔀勇造『物語アラビアの歴史』中央公論新社、二〇一八年、二〇ページ
(47)徳永里砂『イスラーム成立前の諸宗教』国書刊行会、二〇一二年、一八二ページ
(48)加藤隆『一神教の誕生』講談社現代新書、二〇〇二年、四五ページ～
(49)前掲書(42)、二四七ページ～
(50)荒井章三『ユダヤ教の誕生』講談社学術文庫、二〇一三年、二三三ページ
(51)青木健『古代オリエントの宗教』講談社現代新書、二〇一二年、九四ページ
(52)前掲書(48)、一一〇ページ

(53)長谷川三千子『バベルの謎』中央公論社、一九九六年。ジャン・ボッテロ『バビロニア』松本健監修、創元社、一九九六年

(54)後藤明『世界神話学入門』講談社、二〇一七年、一四〇ページ

(55)片倉もとこ他編『イスラーム世界事典』明石書店、二〇〇二年、一六九ページ

(56)マレク・シュベル『割礼の歴史』盛弘仁ほか訳、明石書店、一九九九年、一三ページ

(57)同、一一ページ

(58)フロイト『モーセと一神教』中山元訳、光文社二〇二〇年。原著は一九三九年

(59)小川英雄・山本由美子『オリエント世界の発展・世界の歴史4』中央公論新社、一九九七年、二六ページ

(60)前掲書(56)、四七〜四九ページ

(61)同、四七ページ

(62)藤代泰三『キリスト教史』講談社学術文庫、二〇一七年、五八ページ〜

(63)デヴィッド・ニコル『イスラーム世界歴史地図』清水和裕訳、明石書店、二〇一四年、二二ページ

(64)加藤隆『『新約聖書』の誕生』講談社、一九九九年。同学術文庫二〇一六年、五三ページ

(65)本村凌二『多神教と一神教』岩波新書、二〇〇五年、一九二ページ

(66)前掲書(56)、一七六ページ

(67)前掲書(59)、三〇九ページ

(68)臼杵陽『『ユダヤ』の世界史』作品社、二〇二〇年、七九〜九〇ページ

(69)前掲書(64)、二二六ページ〜

(70)小川英雄『ローマ帝国の神々』中公新書、二〇〇三年、一九一ページ

(71)前掲書(58)、一九五ページ

(72)前掲書(51)、八六ページ
(73)前掲(42)、二七七ページ
(74)徳永里砂『イスラーム成立前の諸宗教』国書刊行会、二〇一二年、一七二ページ
(75)後藤明『メッカ』講談社学術文庫、二〇二一年、一三三ページ
(76)同、三九ページ
(77)同、七五ページ
(78)同、九五ページ
(79)前掲書(2)、一四二ページ
(80)同、一五九ページ
(81)同、六一ページ
(82)リチャード・ベル『コーラン入門』医王秀行訳、ちくま学芸文庫、二〇〇三年、三五ページ
(83)前掲書(74)、一八二ページ
(84)前掲書(82)、三三ページ
(85)鈴木紘司『預言者ムハンマド』ＰＨＰ研究所、二〇〇七年、四九ページ
(86)前掲書(74)、一七六ページ
(87)同、一七六ページ
(88)井筒俊彦『イスラーム生誕』中公文庫、一九九〇年、一八五ページ
(89)前掲書(82)、三一〇ページ
(90)フレッド・マグロウ・ドナー『イスラームの誕生』後藤明監修、慶應義塾大学出版会、二〇一四年、三〇ページ
(91)前掲書(82)、三五ページ。井筒俊彦『『コーラン』を読む』岩波書店、二〇一三年、二三四ページ

(92)井筒俊彦『イスラーム文化』岩波書店、一九九四年、一四〇ページ
(93)山形孝夫『砂漠の修道院』平凡社、一九九八年、二〇ページ
(94)前掲書(74)、一九九ページ
(95)前掲書(91)（井筒）、六九ページ、前掲『イスラーム生誕』二一二ページ
(96)前掲書(88)、二〇〇ページ〜
(97)中田考『イスラームの論理』筑摩書房、二〇一六年、二〇五ページ
(98)前掲書(82)、四六四ページ
(99)前掲書(91)（井筒）、一五六ページ、二九三ページ
（100）カレン・アームストロング『イスラームの歴史』小林朋則訳、中公新書、二〇一七年、一四ページ
（101）リチャード・ベル『イスラムの起源』熊田亨訳、筑摩書房、一九八三年、一八六ページ
（102）前掲書(75)一一一ページ
（103）前掲書(74)二〇四ページ〜
（104）同、一七五ページ
（105）中田考『イスラーム学』作品社、二〇二〇年、十二節ジハード
（106）前掲書(85)に詳しい。
（107）前掲書(32)、一七三ページ
（108）前掲書(82)、四七一ページ
（109）前掲書(46)、二三四ページ
（110）前掲書(46)、二二六ページ
（111）前掲書(46)、二二六ページ

（112）黒木英充「ダマスクスのウマイヤ・モスク」、東京外国語大学アジア・アフリカ言語文化研究所『フィールドプラス No.19』、二〇一八年
（113）前掲書(62)、六二ページ
（114）前掲書（101）、二〇三ページ
（115）マイケル・コリンズ&マシュー・プライス『キリスト教の歴史』小野田和子訳、BL出版、二〇〇一年、七五ページ
（116）前掲書(63)、六三ページ
（117）前掲(56)、六二ページ〜
（118）前掲書(42)、二七八ページ
（119）アズィズ・S・アティーヤ『東方キリスト教の歴史』村山盛忠訳、教文館、二〇一四年、五八四ページ
（120）中谷功治『ビザンツ帝国　千年の興亡と皇帝たち』中央公論新社、二〇二〇年、四一ページ
（121）西尾哲夫『図説アラビアンナイト』河出書房新社、二〇一四年、八二ページ
（122）中村光男「東南アジア史のなかのイスラーム　秩序と変革」石井米雄編『東南アジア学4　東南アジアの歴史』弘文堂、一九九一年。および、池端雪浦編『東南アジア史Ⅱ　島嶼部（世界各国史6）』山川出版社、一九九一年
（123）ピガフェッタ「最初の世界周航」『マゼラン　最初の世界一周航海』長南実訳、岩波文庫、二〇一一年
（124）前掲書(46)、二四七ページ
（125）前掲書（119）、五八四ページ
（126）一八七九年一月、前掲書(39)、一〇四ページ、三一八ページ
（127）林幹雄『中東を動かす帰属意識意識　近くの隣人より、遠くの血縁』ミルトス、二〇二一年、一五ペー

ジ

（128）Wilfred Thesiger "Arabian Sands", 1959 および Donald Powell Cole "Nomads of the Nomads - The Al Murrah Bedouin of the Empty Quarter-", 1975

（129）レディ・アン・ブラント『遍歴のアラビア　ベドウィン揺籃の地を訪ねて』法政大学出版局、一九九八年（原著は一八八一年）、および、ジャネット・ウォラック『砂漠の女王　イラク建国の母ガートルード・ベルの生涯』ソニー・マガジンズ、二〇〇六年

（130）前掲書（128）"Nomads of the Nomads", p53

（131）前掲書（128）"Arabian Sands", p381

（132）前掲書（128）など

（133）前掲書（128）"Arabian Sands", p448

（134）前掲書㉓"Camel in the Ancient Art, History and Culture of Saudi Arabia", p273

（135）前掲書（128）"Arabian Sands" の第3章

（136）同、"Arabian Sands", p362

（137）同、"Arabian Sands" 第十二章

（138）前掲書⑽、一一八ページ、一五六ページ

（139）H.C. Armstrong "Lord of Arabia" 1934 ,p21

（140）同、三二ページ

（141）前掲書（139）の二八ページ

（142）戦闘については『アブドルアジーズ王の生涯　近代サウディアラビア王国建国の祖』日本サウディアラビア協会、一九九九年、ブノワメシャン『砂漠の豹イブン・サウド　サウジアラビア建国史』筑摩書房、

一九六二年、および前掲書（139）など評伝に詳しい。
（143）中村覚編『サウジアラビアを知るための63章（第二版）』明石書店、二〇一五年、四二ページ
（144）木村靖二『第一次世界大戦』ちくま新書、二〇一四年、三八ページ
（145）前掲書（139）一三二ページ
（146）黒田壽郎『イスラームの構造　タウヒード・シャリーア・ウンマ』書肆心水、二〇〇四年、二六二ページ、三六五ページ
（147）片倉もとこ『アラビア・ノート　アラブの原像を求めて』NHKブックス、一九七九年の一六六ページ、および、前掲書（128）"Nomads of the Nomads"，五七ページ
（148）保坂修司『オサマ・ビンラディンの生涯と聖戦』朝日新聞出版、二〇一一年、九七ページ
（149）二〇一六年四月に勧善懲悪委員会の逮捕権が剥奪された。高尾賢一郎『イスラーム宗教警察』亜紀書房、二〇一八年
（150）朝日新聞、二〇一九年一月三一日
（151）前掲書（143）、七四ページ
（152）宇野重規『民主主義とは何か』講談社、二〇二〇年、二五四ページ
（153）前掲書（143）、九三ページ
（154）同、一六七ページ
（155）マーティン・ギルバート『ユダヤ人の歴史地図』池田智訳、明石書店、二〇〇〇年、地図八五
（156）『サウディアラビア王国　伝統ある若き近代国家』サウディアラビア文化・情報省 在日サウディアラビア王国大使館、二〇〇四年、九〇ページ

＊主な参考図書

・第一章　二一世紀初めのサウジアラビア

今井和彦『サウジアラビアの思い出　沙漠の中の大国に駐在して』近代文芸社、二〇〇六年

ブルース・ローレンス『オサマ・ビン・ラディン発言』鈴木主税・中島由華訳、河出書房新社、二〇〇六年

高橋俊二『沙漠の半島　サウジアラビア紀行（歴史と風土を訪ねて）』日本サウディアラビア協会、二〇一三年

中村覚編『サウジアラビアを知るための63章（第二版）』明石書店　二〇一五年

・第二章　現生人類が暮らしたアラビア

大貫良夫・前川和也・渡辺和子・屋形禎亮『人類の起原と古代オリエント（世界の歴史1）』中公文庫、二〇〇九年

海部陽介『人類がたどってきた道「文化の多様化」の起源を探る』NHKブックス、二〇〇五年

NHKスペシャル取材班『ヒューマン　なぜヒトは人間になれたのか』角川書店、二〇一二年

斎藤成也『日本人の源流　核DNA解析でたどる』河出書房新社、二〇一七年

溝口優司『アフリカで誕生した人類が日本人になるまで』SB新書、二〇二〇年

島泰三『魚食の人類史　出アフリカから日本列島へ』NHK出版、二〇二〇年

西秋良宏編『アフリカからアジアへ　現生人類はどう拡散したか』朝日新聞出版、二〇二〇年

篠田謙一『人類の起源　古代DNAが語るホモ・サピエンスの「大いなる旅」』中央公論、二〇二二年

松山利夫・山本紀夫編『木の実の文化誌』朝日新聞社、一九九二年

平田昌弘『ユーラシア乳文化論』岩波書店、二〇一三年、

平田昌弘『人とミルクの一万年』岩波ジュニア新書、二〇一四年

平田昌弘『西アジア・シリアの食文化論』農山漁村文化協会、二〇二二年
松原正毅『遊牧の人類史　構造とその起源』岩波書店、二〇二一年
ブライアン・フェイガン『人類と家畜の世界史』東郷えりか訳、河出書房新社、二〇一六年
ジャン・デイヴィソン『ピクルスと漬け物の歴史』甲斐理恵子訳、原書房、二〇一八年
本村凌二『馬の世界史』講談社新書、二〇〇一年、中央公論文庫、二〇一三年
堀内勝『ラクダの跡　アラブ基層文化を求めて』第三書館、二〇一五年
Dr. Majeed Khan (Consultant for Supreme Council for Tourism) *"Camel in the Ancient Art, History and Culture of Saudi Arabia"* 2022
アブドルアジズ王公共図書館所蔵
ウィリアム・H・マクニール『戦争の世界史—技術と軍隊と社会（上）』高橋均訳、中公文庫、二〇一四年
ジャン・ボッテロ 松本健監修『バビロニア　われらの文明の始まり』創元社、一九九六年
黒木英充編『シリア・レバノンを知るための６４章』明石書店、二〇一三年
三橋淳『昆虫食文化事典（新訂普及版）』八坂書房、二〇二〇年

・第三章　ユダヤ教・キリスト教の発祥と興隆

島田裕巳『日本人の信仰』扶桑社新書、二〇一七年。氏の本は他にも多数参照した。
金子昭「今日の時代における宗教批判の克服学」おやさと研究所『グローカル天理』天理大学、二〇〇九年～二〇一一年
島薗進『国家神道と日本人』岩波新書、二〇一〇年
『聖書 新共同訳』日本聖書協会
ジークムント・フロイト『モーセと一神教』中山元訳、光文社、二〇二〇年（原著は一九三九年）

荒井章三『ユダヤ教の誕生 「一神教」成立の謎』講談社学術文庫、二〇一三年
加藤隆『一神教の誕生 ユダヤ教からキリスト教へ』講談社現代新書、二〇〇二年
小林登志子『古代メソポタミア全史 シュメル、バビロニアからサーサーン朝ペルシアまで』中公新書、二〇二〇年
蔀勇造『物語 アラビアの歴史 知られざる3000年の興亡』中央公論新社、二〇一八年
青木健『古代オリエントの宗教』講談社現代新書、二〇一二年
青木健『ペルシア帝国』講談社現代新書、二〇二〇年
長谷川三千子『バベルの謎 ヤハウィストの冒険』中央公論社、一九九六年
ジャン・ボッテロ、マリ＝ジョゼフ・ステーヴ『メソポタミア文明』高野優訳、創元社、一九九四年
藤代泰三『キリスト教史』講談社学術文庫、二〇一七年
加藤隆『「新約聖書」の誕生』講談社学術文庫、二〇一六年（原著は一九九九年）
加藤隆『新約聖書はなぜギリシア語で書かれたか』大修館書店、一九九四年
アズィズ・S・アティーヤ『東方キリスト教の歴史』村山盛忠訳、教文館、二〇一四年
後藤明『世界神話学入門』講談社現代新書、二〇一七年
中谷功治『ビザンツ帝国 千年の興亡と皇帝たち』中央公論新社、二〇二〇年
小川英雄『ローマ帝国の神々 光はオリエントより』中公新書、二〇〇三年
本村凌二『多神教と一神教 古代地中海世界の宗教ドラマ』岩波新書、二〇〇五年
マレク・シュベル『割礼の歴史 一〇億人の包皮切除』明石書店、一九九九年
小川英雄・山本由美子『オリエント世界の発展（世界の歴史4）』中央公論新社、一九九七年
臼杵陽『「ユダヤ」の世界史 一神教の誕生から民族国家の誕生まで』作品社、二〇一九年
R・P・シェインドリン『ユダヤ人の歴史』入江規夫訳、河出文庫、二〇一二年（原著は一九九八年）

橋爪大三郎『世界がわかる宗教社会学入門』ちくま文庫、二〇〇六年。氏の本は他にも多数参照した。

・第四章　イスラム教の誕生と勃興　及び　第五章　ダマスカスの聖地にて

『コーラン』井筒俊彦訳　岩波書店、二〇〇九年
『日亜対訳クルアーン』中田考監修 作品社、二〇一四年
片倉もとこ編集代表『イスラーム世界事典』明石書店、二〇〇二年
片倉もとこ『イスラームの日常世界』岩波新書、一九九一年
片倉もとこ『アラビア・ノート　アラブの原像を求めて』NHKブックス、一九七九年
片倉もとこ『イスラームの世界観』岩波書店、二〇〇八年（原著は一九八一年）
井筒俊彦『イスラーム生誕』中公文庫、一九九〇年（原著は一九七九年）
井筒俊彦『イスラームの文化　その根柢にあるもの』岩波文庫、一九九一年
井筒俊彦『「コーラン」を読む』岩波現代文庫、二〇一三年（原著は一九八三年）
黒田壽郎『イスラームの構造　タウヒード・シャリーア・ウンマ』書肆心水、二〇〇四年
フレッド・M・ドナー『イスラームの誕生　信仰者からムスリムへ』後藤明監訳、慶應義塾大学出版会、二〇一四年
徳永里砂『イスラーム成立前の諸宗教（イスラーム信仰叢書8）』国書刊行会、二〇一二年
リチャード・ベル『イスラムの起源』熊田亨訳、筑摩書房、一九八三年（原著は一九二六年）
リチャード・ベル『コーラン入門』医王秀行訳、ちくま学芸文庫、二〇〇三年（原著は一九五三年）
後藤明『ムハンマド時代のアラブ社会』山川出版社、二〇一二年
後藤明『メッカ　イスラームの都市社会』講談社学術文庫、二〇二一年
鈴木剛『メッカ巡礼記』アブドルアジズ国王図書館、二〇一〇年（原著は一九四三年）

佐藤次高『イスラーム世界の興隆（世界の歴史8）』中公文庫、二〇〇八年
中田考『イスラームの論理』筑摩書房、二〇一六年
中田考『イスラーム学』作品社、二〇二〇年
鈴木紘司『預言者ムハンマド』PHP研究所、二〇〇七年
臼杵陽『「中東」の世界史　西洋の衝撃から紛争・テロの時代まで』作品社、二〇一八年
タミム・アンサーリー『イスラームから見た「世界史」』小沢千重子訳、紀伊国屋書店、二〇〇九年
マイケル・コリンズ&マシュー・プライス『キリスト教の歴史　２０００年の時を刻んだ信仰の物語』小野田和子訳、BL出版、二〇〇一年
山形孝夫『砂漠の修道院』平凡社、一九九八年
高尾賢一郎『イスラーム宗教警察』亜紀書房、二〇一八年
デヴィッド・ニコル『イスラーム世界歴史地図』清水和裕訳、明石書店、二〇一四年
西尾哲夫『図説アラビアンナイト』河出書房新社、二〇一四年

・第六章　部族民とサウジアラビア建国

上野悌嗣・徳増輝子『アブドルアジーズ王の生涯　近代サウディアラビア王国建国の祖』日本サウディアラビア協会・イマーム・ムハンマド・ビン・サウード・イスラーム大学、一九九九年
サウディアラビア文化・情報省編『サウディアラビア王国　伝統ある若き近代国家』在日サウディアラビア王国大使館、二〇〇四年
J・ブノワメシャン『砂漠の豹 イブン・サウド　サウジアラビア建国史』河野鶴代・牟田口義郎訳、筑摩書房、一九七五年（原著は一九五五年）
J・ブノワメシャン『オリエントの嵐　中東現代史』牟田口義郎訳、筑摩書房、一九六四年

H.C. Armstrong "*Lord of Arabia*" Simon Publications, 2001（原著は一九三四年）
小串敏郎『王国のサバイバル　アラビア半島三〇〇年の歴史』日本国際問題研究所、一九九六年
Wilfred Thesiger "Arabian Sands" Penguin Classics 1959
ウィルフレッド・セシガー『ベドウィンの道』梅棹忠夫訳、筑摩書房、一九六六年
Donald Powell Cole "*Nomads of the Nomads, The Al Murrah Bedouin of the Empty Quarter*" The American University in Cairo, AHM Publishing Corporation, Illinois, 1975
ジャネット・ウォラック『砂漠の女王　イラク建国の母ガートベルド・ベルの生涯』内田優香訳、ソニー・マガジンズ、二〇〇六年
R・H・キールナン『秘境アラビア探検史』岩永博訳、法政大学出版局、一九九四年（原著は一九三七年）
レディ・アン・ブラント『遍歴のアラビア　ベドウィン揺籃の地を訪ねて』田隅恒生訳、法政大学出版局、一九九八年（原著は一八八一年）
林幹雄『中東を動かす帰属意識　近くの隣人より、遠くの血縁』ミルトス、二〇二一年
池内恵『サイクス＝ピコ協定 百年の呪縛』新潮社、二〇一六年
池内恵『シーア派とスンニ派』新潮社、二〇一八年

・第七章　襲撃事件・再び　及び　第八章　二〇二二年、リヤド再訪

池内恵『中東　危機の震源を読む』新潮社新書、二〇〇九年
池内恵『イスラーム国の衝撃』文藝春秋新書、二〇一五年
池内恵『イスラーム世界の論じ方』中央公論新社、二〇一六年
飯山陽『イスラム教再考　18億人が信仰する世界宗教の実相』扶桑社、二〇二一年

飯山陽『イスラム教の論理』新潮新書、二〇一八年
飯山陽『中東問題再考』扶桑社新書、二〇二二年
保坂修司『オサマ・ビンラディンの生涯と聖戦』朝日新聞出版、二〇一一年
橋爪大三郎『戦争の社会学　はじめての軍事・戦争入門』光文社、二〇一六年。氏の本は他にも多数参照した。
宇野重規『民主主義とは何か』講談社、二〇二〇年
S・レビツキー&D・ジブラット『民主主義の死に方　二極化する政治が招く独裁への道』濱野大道訳、新潮社、二〇一八年

・第九章　イスラエルとパレスチナ

板垣雄三『石の叫びに耳を澄ます　中東和平の探索』平凡社、一九九二年
板垣雄三『イスラーム誤認　衝突から対話へ』岩波書店、二〇〇三年
立山良司『ユダヤとアメリカ　揺れ動くイスラエル・ロビー』中公新書、二〇一六年
立山良司編『イスラエルを知るための62章（第2版）』明石書店、二〇一八年
臼杵陽『世界史の中のパレスチナ問題』講談社現代新書、二〇一三年
臼杵陽『イスラエル』岩波新書、二〇〇九年
臼杵陽・鈴木啓之編『パレスチナを知るための60章』明石書店、二〇一六年
マーティン・ギルバート『ユダヤ人の歴史地図』入江規夫訳、明石書店、二〇〇〇年
山森みか『「乳と蜜の流れる地」から　非日常の国イスラエルの日常生活』新教出版社、二〇〇二年
川上泰徳『戦争・革命・テロの連鎖　中東危機を読む』彩流社、二〇二二年
ダニエル・ソカッチ『イスラエル　人類史上最もやっかいな問題』鬼澤忍訳、NHK出版、二〇二三年

●著者プロフィール

和田朋之（わだ・ともゆき）

1957 年、京都市生まれ。東京大学法学部を卒業、住友商事に入社。アジア、中東、アフリカ等のインフラ・プロジェクトに従事した。サウジアラビアには 2001 年から 3 年間駐在。主著『ハイジャック犯をたずねて』で、出張時に乗っていた飛行機がハイジャックされ、後にその犯人を見つけ出し現地に訪ね交流を重ねた体験を書いた。

異教徒暮らしのアラビア——隆盛のサウジアラビア、相克のイスラエル・パレスチナの歴史をたどる

2024年4月25日　初版第一刷

著　者　和田朋之 ©2024

発行者　河野和憲

発行所　株式会社 彩流社

〒101-0051　東京都千代田区神田神保町3-10　大行ビル６階
電話　03-3234-5931
FAX　03-3234-5932
https://www.sairyusha.co.jp/

編　集　出口綾子

装　丁　福田真一［DEN GRAPHICS］

印刷　モリモト印刷株式会社

製本　株式会社難波製本

Printed in Japan　ISBN978-4-7791-2968-1　C0036